2025년도 제36회 시험대비 THE LAST 모의고사
김희상 부동산공법

회차	문제수	시험과목
1회	40	부동산공법

수험번호		성명	

【수험자 유의사항】

1. 시험문제지의 **총면수, 문제번호, 일련순서, 인쇄상태** 등을 확인하시고, 문제지 표지에 수험번호와 성명을 기재하시기 바랍니다.

2. 답은 각 문제마다 요구하는 **가장 적합하거나 가까운 답 1개**만 선택하고, 답안카드 작성 시 시험문제지 **마킹착오로 인한 불이익은 전적으로 수험자에게 책임**이 있음을 알려드립니다.

3. 답안카드는 국가전문자격 공통 표준형으로 문제번호가 1번부터 125번까지 인쇄되어 있습니다. 답안 마킹 시에는 반드시 **시험문제지의 문제번호와 동일한 번호에 마킹하여야** 합니다.

4. **감독위원의 지시에 불응하거나 시험시간 종료 후 답안카드를 제출하지 않을 경우** 불이익이 발생할 수 있음을 알려드립니다.

5. 시험문제지는 시험 종료 후 가져가시기 바랍니다.

6. 답안작성은 **시험시행일 현재 시행되는 법령** 등을 적용하시기 바랍니다.

7. 가답안 의견제시에 대한 개별회신 및 공고는 하지 않으며, **최종 정답 발표로 갈음**합니다.

8. 시험 중 **중간 퇴실은 불가**합니다. 단, 부득이하게 퇴실할 경우 **시험 포기각서 제출 후 퇴실은 가능**하나 **재입실이 불가**하며, **해당시험은 무효처리됩니다.**

박문각은 여러분의 제36회 공인중개사 시험 합격을 진심으로 응원합니다!

박문각 공인중개사

부동산공법 중 부동산 중개에 관련되는 규정

1. 국토의 계획 및 이용에 관한 법령상 도시·군관리계획을 입안할 때 토지적성평가를 실시하지 않아도 되는 경우에 해당하지 않는 것은?

① 「도시개발법」에 따른 도시개발사업의 경우
② 지구단위계획구역에서 도시·군관리계획을 입안하는 경우
③ 「환경영향평가법」에 따른 전략환경영향평가 대상인 도시·군관리계획을 입안하는 경우
④ 개발제한구역 안에 기반시설을 설치하는 경우
⑤ 해당 도시·군계획시설의 결정을 해제하려는 경우

2. 국토의 계획 및 이용에 관한 법령상 광역도시계획에 관한 설명으로 옳은 것은?

① 시·도지사가 협의를 거쳐 요청하는 경우에는 국토교통부장관이 단독으로 광역도시계획을 수립할 수 있다.
② 특별시장·광역시장·특별자치시장·특별자치도지사·시장 또는 군수는 5년마다 광역도시계획에 대하여 타당성 여부를 전반적으로 검토하여 정비하여야 한다.
③ 광역계획권은 특별시장이 지정할 수 있다.
④ 도지사가 시장·군수의 요청으로 관할 시장·군수와 공동으로 광역도시계획을 수립하는 경우에는 국토교통부장관의 승인을 받아야 한다.
⑤ 광역계획권을 지정한 날부터 3년이 지날 때까지 관할 시장 또는 군수로부터 광역도시계획의 승인 신청이 없는 경우에는 관할 도지사가 광역도시계획을 수립하여야 한다.

3. 국토의 계획 및 이용에 관한 법령상 도시·군기본계획에 관한 설명으로 틀린 것은?

① 도시·군기본계획 입안일부터 5년 이내에 토지적성평가를 실시한 경우에는 토지적성평가를 하지 아니할 수 있다.
② 이해관계자를 포함한 주민은 산업·유통개발진흥지구의 지정 및 변경에 관한 사항에 대하여 도시·군기본계획의 입안을 제안할 수 있다.
③ 광역도시계획이 수립되어 있는 지역에 대하여 수립하는 도시·군기본계획은 그 광역도시계획에 부합되어야 하며, 도시·군기본계획의 내용이 광역도시계획의 내용과 다를 때에는 광역도시계획의 내용이 우선한다.
④ 시장 또는 군수는 도시·군기본계획을 수립할 때 주민의 의견 청취를 위한 공청회는 생략할 수 없다.
⑤ 「수도권정비계획법」에 의한 수도권에 속하지 아니하고 광역시와 경계를 같이하지 아니한 인구 8만명의 시는 도시·군기본계획을 수립하지 아니할 수 있다.

4. 국토의 계획 및 이용에 관한 법령(이하 '이 법'이라 함)에 의한 용도지역 지정의 절차에 관한 설명으로 틀린 것은?

① 공유수면(바다만 해당)의 매립 목적이 이웃하고 있는 용도지역의 내용과 같으면 도시·군관리계획의 입안 및 결정 절차 없이 그 매립준공구역은 그 매립의 준공인가일부터 이와 이웃하고 있는 용도지역으로 지정된 것으로 본다.
② 「택지개발촉진법」에 따른 택지개발지구로 지정·고시된 지역은 이 법에 따른 도시지역으로 결정·고시된 것으로 본다.
③ 관리지역에서 「농지법」에 따른 농업진흥지역으로 지정·고시된 지역은 이 법에 따른 농림지역으로 결정·고시된 것으로 본다.
④ 「산업입지 및 개발에 관한 법률」에 따른 일반산업단지로 지정·고시된 지역은 이 법에 따른 관리지역으로 결정·고시된 것으로 본다.
⑤ 「어촌·어항법」에 따른 어항구역으로 도시지역에 연접한 공유수면은 이 법에 따른 도시지역으로 결정·고시된 것으로 본다.

5. 국토의 계획 및 이용에 관한 법령상 용도지구에 관한 설명으로 틀린 것은?(단, 건축물은 도시·군계획시설이 아니며, 조례는 고려하지 않음)

① 자연취락지구 안에서는 4층 이하의 노래연습장을 건축할 수 없다.
② 광역시장은 제3종 일반주거지역에 복합용도지구를 지정할 수 있다.
③ 보호지구는 역사문화환경보호지구, 중요시설물보호지구, 생태계보호지구로 세분하여 지정할 수 있다.
④ 고도지구 안에서는 도시·군관리계획으로 정하는 높이를 초과하는 건축물을 건축할 수 없다.
⑤ 일반주거지역에 지정된 복합용도지구 안에서는 작물재배사를 건축할 수 없다.

6. 국토의 계획 및 이용에 관한 법령상 도시·군계획시설사업에 관한 설명으로 옳은 것은?

① 도시·군계획시설사업의 시행자의 처분에 대하여는 「행정심판법」에 따라 행정심판을 제기할 수 있다. 이 경우 행정청이 아닌 시행자의 처분에 대하여는 그 시행자에게 행정심판을 제기하여야 한다.
② 도지사는 국가계획과 관련되거나 특히 필요하다고 인정되는 때에는 관계 시장 또는 군수의 의견을 들어 직접 도시·군계획시설사업을 시행할 수 있다.
③ 특별시장·광역시장·특별자치시장·특별자치도지사·시장 또는 군수는 「국토의 계획 및 이용에 관한 법률」 또는 다른 법률에 특별한 규정이 있는 경우 외에는 관할 구역의 도시·군계획시설사업을 시행한다.
④ 도시·군관리계획결정의 고시가 있은 때에는 「공익사업을 위한 토지 등의 취득 및 보상에 관한 법률」에 의한 사업인정 및 고시가 있었던 것으로 본다.
⑤ 시행자는 사업시행을 위하여 특히 필요하다고 인정되는 때에는 도시·군계획시설에 인접한 토지 등의 권리를 수용할 수 있다.

7. 국토의 계획 및 이용에 관한 법령상 장기미집행 도시·군계획시설부지인 토지에서의 매수청구 등에 관한 설명으로 옳은 것은?

① 건축물·정착물이 있는 토지의 지목이 대(垈)가 아니라 하더라도 법령에서 정한 기한 내에 도시·군계획시설사업이 시행되지 아니한 경우 매수청구를 할 수 있다.
② 도시·군계획시설부지의 매수의무자는 매수결정을 알린 날부터 6개월 이내에 매수하여야 한다.
③ 도시·군계획시설부지의 매수의무자가 채권으로 매수대금을 지급하는 경우에는 그 상환기간은 5년 이상 10년 이내로 한다.
④ 매수의무자가 매수하지 아니하기로 결정한 경우에는 매수청구자는 2층인 바닥면적의 합계가 400㎡인 다중생활시설을 건축할 수 없다.
⑤ 도시·군계획시설의 결정고시일부터 10년이 지날 때까지 그 사업이 시행되지 아니한 경우 그 고시일부터 10년이 되는 날의 다음 날에 도시·군계획시설결정의 효력을 잃는다.

8. 국토의 계획 및 이용에 관한 법령상 지구단위계획구역의 지정에 관한 설명으로 옳은 것은?

① 시장·군수는 「도시개발법」에 따라 지정된 도시개발구역의 전부에 대하여 지구단위계획구역을 지정할 수 없다.
② 용도지구로 지정된 지역에 대하여는 지구단위계획구역으로 지정할 수 없다.
③ 지구단위계획구역과 지구단위계획은 도시·군기본계획으로 결정한다.
④ 생산관리지역에 위치한 산업·유통개발진흥지구는 지구단위계획구역으로 지정할 수 있는 대상지역에 포함되지 않는다.
⑤ 지구단위계획은 지역 공동체의 활성화를 고려하여 수립한다.

9. 국토의 계획 및 이용에 관한 법령상 개발행위허가에 관한 설명으로 옳은 것은?(단, 조례는 고려하지 않음)

① 도시·군계획사업으로 공유수면을 매립하는 경우에는 개발행위허가를 받아야 한다.
② 생산관리지역에서는 도시계획위원회의 심의를 거쳐 개발행위허가의 기준을 강화 또는 완화하여 적용할 수 있다.
③ 기반시설부담구역 안에서는 기반시설의 설치나 그에 필요한 용지의 확보에 관한 계획서를 제출하지 아니한다.
④ 공업지역·관리지역·농림지역 안에서 개발행위허가를 받아할 수 있는 토지형질변경 면적은 5만㎡ 미만이다.
⑤ 특별시장이 성장관리계획을 수립하려면 공청회를 열어 주민과 관계 전문가 등으로부터 의견을 들어야 한다.

10. 국토의 계획 및 이용에 관한 법령상 개발밀도관리구역에 관한 설명으로 옳은 것은?

① 개발밀도관리구역은 해당 지역의 전년도 개발행위허가 건수가 전전년도 개발행위허가 건수보다 20% 이상 증가한 지역을 대상으로 지정한다.
② 개발밀도관리구역을 지정 또는 변경하려면 주민의 의견을 들어야 하며, 해당 지방자치단체에 설치된 지방도시계획위원회의 심의를 거쳐 이를 고시하여야 한다.
③ 개발밀도관리구역은 향후 2년 이내에 해당 지역의 학생 수가 학교수용능력을 30% 이상 초과할 것으로 예상되는 지역에 지정할 수 있다.
④ 개발밀도관리구역에서는 해당 용도지역에 적용되는 용적률의 최대한도의 50%의 범위 안에서 강화 또는 완화하여 적용한다.
⑤ 개발밀도관리구역의 경계는 도로·하천 그 밖에 특색 있는 지형지물을 이용하거나 용도지역의 경계선을 따라 설정하는 등 경계선이 분명하게 구분되도록 하여야 한다.

11. 국토의 계획 및 이용에 관한 법령상 용적률의 최대한도가 높은 지역부터 낮은 지역 순으로 나열한 것은?(단, 조례 및 그 밖의 조건은 고려하지 않음)

   ㄱ. 제3종 일반주거지역   ㄴ. 근린상업지역
   ㄷ. 일반상업지역   ㄹ. 일반공업지역

   ① ㄱ - ㄴ - ㄹ - ㄷ
   ② ㄴ - ㄷ - ㄹ - ㄱ
   ③ ㄷ - ㄴ - ㄱ - ㄹ
   ④ ㄷ - ㄴ - ㄹ - ㄱ
   ⑤ ㄹ - ㄴ - ㄱ - ㄷ

12. 국토의 계획 및 이용에 관한 법령상 성장관리계획에 관한 설명으로 옳은 것은?

   ① 공업지역 중 주변지역과 연계하여 체계적인 관리가 필요한 지역은 성장관리계획구역으로 지정할 수 있다.
   ② 성장관리계획구역 내 보전녹지지역에서는 성장관리계획으로 정하는 바에 따라 30퍼센트 이하로 건폐율을 완화하여 적용할 수 있다.
   ③ 성장관리계획구역에서 개발행위 또는 건축물의 용도변경을 하려면 그 성장관리계획에 맞게 하여야 한다.
   ④ 성장관리계획구역 내 생산관리지역에서는 성장관리계획으로 정하는 바에 따라 125퍼센트 이하로 용적률을 완화하여 적용할 수 있다.
   ⑤ 군수는 성장관리계획구역의 지정 또는 변경에 관한 공고를 한 때에는 성장관리계획구역안을 10일 이내로 일반이 열람할 수 있도록 해야 한다.

13. 도시개발법령상 도시개발구역의 지정 제안에 관한 설명으로 틀린 것은?

   ① 지방자치단체인 시행자는 국토교통부장관에게 도시개발구역의 지정을 제안할 수 있다.
   ② 도시개발구역의 지정을 제안받은 국토교통부장관·특별자치도지사·시장·군수·구청장은 제안내용의 수용 여부를 1개월 이내에 제안자에게 통보하여야 한다.
   ③ 공공기관의 장은 30만m² 이상으로 국가계획과 밀접한 관련이 있는 도시개발구역의 경우에는 국토교통부장관에게 도시개발구역의 지정을 제안할 수 있다.
   ④ 「부동산투자회사법」에 따라 설립된 자기관리부동산투자회사가 도시개발구역의 지정을 제안하려는 경우에는 토지면적의 3분의 2 이상에 해당하는 토지소유자(지상권자를 포함)의 동의를 받아야 한다.
   ⑤ 특별자치도지사·시장·군수·구청장은 제안자와 협의하여 도시개발구역의 지정을 위하여 필요한 비용의 전부 또는 일부를 제안자에게 부담시킬 수 있다.

14. 도시개발법령상 도시개발조합에 관한 설명으로 옳은 것은?

   ① 조합을 설립하려면 도시개발구역 안의 토지소유자 7명 이상이 정관을 작성하여 시·도지사에게 조합설립인가를 받아야 한다.
   ② 도시개발구역 안의 국공유지를 제외한 토지면적의 3분의 2 이상에 해당하는 토지소유자와 토지소유자 총수의 2분의 1 이상의 동의를 받아야 한다.
   ③ 토지소유권을 여러 명이 공유하는 경우에는 각각을 토지소유자 1명으로 본다.
   ④ 조합원은 도시개발구역의 토지소유자로 하며, 조합의 임원은 정관으로 정하는 바에 따라 대의원회에서 선임한다.
   ⑤ 환지예정지의 지정에 관한 사항은 대의원회에서 총회의 권한을 대행할 수 있다.

15. 도시개발법령상 실시계획에 관한 설명으로 틀린 것은?

   ① 실시계획에는 지구단위계획이 포함되어야 하며, 개발계획에 맞게 작성하여야 한다.
   ② 시·도지사가 실시계획을 작성하거나 인가하는 경우에는 14일 이상 일반에 공람하여 주민의 의견을 들어야 한다.
   ③ 지정권자를 제외한 시행자는 작성된 실시계획에 관하여 지정권자의 인가를 받아야 한다.
   ④ 도시개발사업을 환지방식으로 시행하는 구역에 대하여 지정권자가 실시계획을 작성한 경우에는 사업의 시행방식과 토지조서를 관할 등기소에 통보·제출하여야 한다.
   ⑤ 실시계획을 인가할 때 지정권자가 해당 실시계획에 대한 「주택법」에 따른 사업계획의 승인에 관하여 관계 행정기관의 장과 협의한 때에는 해당 허가를 받은 것으로 본다.

16. 도시개발법령상 토지 등의 수용 또는 사용방식으로 사업을 시행하는 때에 관한 설명이다. ( ) 안에 들어갈 내용을 옳게 나열한 것은?

   • 시행자는 토지소유자가 원하면 토지 등의 매수대금의 일부를 지급하기 위하여 분양토지 또는 분양건축물 면적의 (ㄱ)을 초과하지 아니하는 범위에서 사업시행으로 조성된 토지·건축물로 상환하는 채권을 발행할 수 있다.
   • 시행자는 지정권자의 승인을 받은 국가 또는 지방자치단체 등에 해당하는 자에게 원형지를 공급하여 개발하게 할 수 있다. 이 경우 공급될 수 있는 원형지의 면적은 도시개발구역 전체 토지면적의 (ㄴ) 이내로 한다.

	ㄱ	ㄴ
①	2분의 1	2분의 1
②	2분의 1	3분의 1
③	2분의 1	3분의 2
④	3분의 1	2분의 1
⑤	3분의 1	3분의 1

17. 도시개발법령상 환지 예정지에 관한 설명으로 옳은 것은?

① 환지 예정지 지정으로 이미 처분된 체비지는 그 체비지를 매입한 자가 소유권이전등기를 마친 때에 소유권을 취득한다.
② 환지 예정지가 지정된 경우 환지처분의 공고가 있는 날까지 환지 예정지에 대하여 이를 사용하거나 수익할 수 없다.
③ 시행자는 체비지의 용도로 환지 예정지가 지정된 때에는 사업에 드는 비용을 충당하기 위하여 이를 사용 또는 수익할 수는 있지만 처분할 수는 없다.
④ 시행자는 도시개발사업의 시행을 위하여 필요한 때에는 도시개발구역 안의 토지에 대하여 환지 예정지를 지정하여야 한다.
⑤ 환지 예정지의 지정으로 이를 사용·수익할 수 있는 자가 없게 된 토지는 환지처분의 공고가 있는 날까지 종전의 토지소유자가 관리한다.

18. 도시개발법령상 도시개발채권에 관한 설명으로 틀린 것은?

① 시·도지사는 도시개발채권을 발행하려는 경우 채권의 발행총액에 대하여 행정안전부장관의 승인을 받아야 한다.
② 도시개발채권은 「주식·사채 등의 전자등록에 관한 법률」에 따라 전자등록하여 발행하거나 무기명으로 발행할 수 있다.
③ 도시개발채권의 상환은 5년부터 20년까지의 범위에서 지방자치단체의 조례로 정한다.
④ 도시개발채권의 소멸시효는 상환일부터 기산하여 원금은 5년, 이자는 2년으로 한다.
⑤ 「국토의 계획 및 이용에 관한 법률」에 따른 토지의 형질변경의 허가를 받은 자는 도시개발채권을 매입하여야 한다.

19. 도시 및 주거환경정비법령상 주민이 공동으로 사용하는 공동이용시설에 해당하지 않는 것은?(단, 조례는 고려하지 않음)

① 공공공지   ② 탁아소   ③ 놀이터
④ 어린이집   ⑤ 공동작업장

20. 도시 및 주거환경정비법령상 조합설립추진위원회가 수행할 수 있는 업무가 아닌 것은?

① 개략적인 정비사업 시행계획서의 작성
② 토지등소유자의 동의서의 접수
③ 시공자의 선정
④ 조합의 설립을 위한 창립총회의 개최
⑤ 조합 정관의 초안 작성

21. 도시 및 주거환경정비법령상 조합의 정관을 변경하기 위하여 총회에서 조합원 3분의 2 이상의 찬성을 요하는 사항이 아닌 것은?

① 조합원의 자격
② 시공자·설계자의 선정 및 계약서에 포함될 사항
③ 정비구역의 위치 및 면적
④ 정비사업비의 부담시기 및 절차
⑤ 조합임원의 수 및 업무의 범위

22. 도시 및 주거환경정비법령상 주거환경개선사업에 관한 설명으로 옳은 것을 모두 고른 것은?

> ㄱ. 사업시행자는 '정비구역에서 정비기반시설을 새로 설치하거나 확대하고 토지등소유자가 스스로 주택을 개량하는 방법' 및 '환지로 공급하는 방법'을 혼용할 수 없다.
> ㄴ. 정비구역의 전부 또는 일부를 수용하여 공급하는 방법으로 시행하는 경우 시장·군수등은 세입자의 세대수가 토지등소유자의 3분의 1에 해당하는 경우에는 세입자의 동의 절차 없이 토지주택공사등을 사업시행자로 지정할 수 있다.
> ㄷ. 사업시행자는 사업의 시행으로 철거되는 주택의 소유자 또는 세입자에 대하여 해당 정비구역 안과 밖에 위치한 임대주택 등의 시설에 임시로 거주하게 하거나 주택자금의 융자를 알선하는 등 임시거주에 상응하는 조치를 하여야 한다.

① ㄴ   ② ㄷ   ③ ㄱ, ㄷ
④ ㄴ, ㄷ   ⑤ ㄱ, ㄴ, ㄷ

23. 도시 및 주거환경정비법령상 시장·군수등이 직접 재개발사업을 시행할 수 있는 사유에 해당하지 않는 것은?

① 추진위원회가 구성승인을 받은 날부터 3년 이내에 조합설립인가를 신청하지 아니한 때
② 해당 정비구역의 토지면적 3분의 2 이상의 토지소유자와 토지등소유자의 2분의 1 이상에 해당하는 자가 시장·군수등을 사업시행자로 지정할 것을 요청하는 때
③ 해당 정비구역의 국공유지 면적이 전체 토지면적의 2분의 1 이상으로서 토지등소유자의 과반수가 시장·군수등을 사업시행자로 지정하는 것에 동의하는 때
④ 조합이 조합설립인가를 받은 날부터 3년 이내에 사업시행계획인가를 신청하지 아니한 때
⑤ 정비계획에서 정한 정비사업시행 예정일부터 2년 이내에 사업시행계획인가를 신청하지 아니하는 때

24. 도시 및 주거환경정비법령상 관리처분계획에 관한 설명으로 틀린 것은?

① 재건축사업의 경우 관리처분은 조합원 전원의 동의를 받아 그 기준을 따로 정할 수 있다.
② 폐공가 밀집으로 범죄발생의 우려가 있는 경우에는 기존 건축물 소유자의 동의 및 시장·군수등의 허가를 받아 철거할 수 있다.
③ 재건축사업에서 매도청구에 대한 판결에 따라 관리처분계획을 변경하는 경우에는 시장·군수등에게 신고하여야 한다.
④ 사업시행자는 분양신청을 받은 후 잔여분이 있는 경우에는 사업시행계획으로 정하는 목적을 위하여 그 잔여분을 보류지로 정하거나 조합원 또는 토지등소유자 이외의 자에게 분양할 수 있다.
⑤ 국토교통부장관은 시·도지사가 요청하는 경우 재개발사업의 시행으로 건설된 임대주택을 인수하여야 한다.

25. 주택법령상 주택의 공급에 관한 설명으로 틀린 것은?

① 공공택지 외의 택지로서 분양가상한제가 적용되는 지역에서 공급하는 도시형 생활주택은 분양가상한제의 적용을 받지 않는다.
② 시장·군수·구청장은 마감자재 목록표와 영상물 등을 사용검사가 있은 날부터 2년 이상 보관하여야 하며, 입주자가 열람을 요구하는 경우에는 이를 공개하여야 한다.
③ 「도시 및 주거환경정비법」에 따른 주거환경개선사업에서 건설·공급하는 주택은 분양가상한제의 적용을 받는다.
④ 사업주체는 분양가상한제 적용주택으로서 공공택지에서 공급하는 주택에 대하여 입주자 모집승인을 받은 때에는 입주자 모집공고에 분양가격을 공시하여야 한다.
⑤ 사업주체가 분양가상한제 적용주택을 공급하는 경우에는 해당 주택의 소유권을 제3자에게 이전할 수 없음을 소유권에 관한 등기에 부기등기하여야 한다.

26. 주택법령상 복리시설에 해당하는 것은 모두 몇 개인가?

ㄱ. 경로당	ㄴ. 관리사무소
ㄷ. 담장	ㄹ. 건축설비
ㅁ. 주차장	ㅂ. 어린이놀이터
ㅅ. 유치원	ㅇ. 주민공동시설

① 1개 ② 2개 ③ 3개 ④ 4개 ⑤ 5개

27. 주택법령상 리모델링에 관한 설명으로 틀린 것은?

① 리모델링이란 건축물의 노후화 억제 또는 기능향상을 위하여 대수선 또는 증축하는 행위이다.
② 「주택법」에 의한 사용검사일 또는 「건축법」에 따른 사용승인일부터 10년이 지난 공동주택을 각 세대의 주거전용면적의 30% 이내에서 증축할 수 있다.
③ 공동주택의 입주자가 공동주택을 리모델링하려고 하는 경우에는 시장·군수·구청장의 허가를 받아야 한다.
④ 수직증축형 리모델링은 기존 건축물의 층수가 15층 이상인 경우에는 3개층까지 증축할 수 있다.
⑤ 증축형 리모델링을 하려는 자는 시장·군수·구청장에게 안전진단을 요청하여야 한다.

28. 주택법령상 ( ) 안에 들어갈 내용을 옳게 연결한 것은? (단, 주택 외의 시설과 주택이 동일 건축물로 건축되지 않음을 전제로 함)

- 한국토지주택공사인 사업주체가 서울특별시 A구에서 대지면적 5만㎡에 600세대 아파트 건설사업을 시행하려는 경우 (ㄱ)으로부터 사업계획승인을 받아야 한다.
- B광역시 C구에서 지역균형개발이 필요하여 국토교통부장관이 지정·고시하는 지역 안에 50호의 한옥건설사업을 시행하는 경우 (ㄴ)으로부터 사업계획승인을 받아야 한다.

	ㄱ	ㄴ
①	국토교통부장관	국토교통부장관
②	서울특별시장	B광역시장
③	서울특별시장	C구청장
④	서울특별시장	국토교통부장관
⑤	A구청장	C구청장

29. 주택법령상 지역주택조합이 조합원을 추가모집하거나 충원할 수 있는 사유로 틀린 것은?

① 조합원의 사망으로 조합원 수가 주택건설 예정 세대수의 60%가 되는 경우
② 조합원의 수가 주택건설 예정 세대수를 초과하지 아니하는 범위에서 시장·군수·구청장으로부터 추가모집승인을 받은 경우
③ 조합원의 탈퇴 등으로 조합원 수가 주택건설 예정 세대수의 50%가 되는 경우
④ 조합원이 무자격자로 판명되어 자격을 상실하는 경우
⑤ 사업계획승인 과정 등에서 주택건설 예정 세대수가 변경되어 조합원 수가 변경된 세대수의 40%가 되는 경우

30. 주택법령상 공급질서의 교란금지를 위해 양도가 금지되는 증서나 지위가 아닌 것은?(단, 상속과 저당은 제외함)

① 지방공사인 시행자가 발행한 토지상환채권
② 한국토지주택공사가 발행한 주택상환사채
③ 시장·군수·구청장이 발행한 무허가건물 확인서
④ 공공사업의 시행으로 인한 이주대책대상자 확인서
⑤ 입주자저축증서

31. 주택법령상 조정대상지역으로 지정할 수 있는 지역 중 과열지역에 관한 조문의 일부이다. (   )에 들어갈 내용을 옳게 연결한 것은?

> 조정대상지역 지정 직전월부터 소급하여 3개월간의 해당 지역 주택가격상승률이 해당 지역이 포함된 시·도 소비자물가상승률의 (ㄱ)배를 초과한 지역으로서 다음의 어느 하나에 해당하는 지역을 말한다.
>
> • 조정대상지역 지정 직전월부터 소급하여 주택공급이 있었던 (ㄴ)개월 동안 해당 지역에서 공급되는 주택의 월평균 청약경쟁률이 모두 5대 1을 초과하였거나 국민주택규모 주택의 월평균 청약경쟁률이 모두 (ㄷ)대 1을 초과한 지역
> • 조정대상지역 지정 직전월부터 소급하여 3개월간의 분양권(주택의 입주자로 선정된 지위를 말한다) 전매거래량이 전년 동기 대비 (ㄹ)% 이상 증가한 지역
> • 해당 지역이 속하는 시·도의 주택보급률 또는 자가주택비율이 전국 평균 (ㅁ)인 지역

	ㄱ	ㄴ	ㄷ	ㄹ	ㅁ
①	1.2	2	10	20	이하
②	1.3	2	10	30	이하
③	1.3	3	12	30	초과
④	1.4	3	13	35	초과
⑤	1.5	4	15	40	이하

32. 건축법령상 용어에 관한 설명으로 옳은 것은?

① '주요구조부'란 내력벽, 기둥, 바닥, 작은 보, 지붕틀 및 주계단을 말한다.
② 기존 건축물이 있는 대지에서 건축물의 내력벽을 증설하여 연면적을 늘리는 것은 대수선에 해당한다.
③ 바닥면적의 합계가 6,000m²이고 층수가 15층인 의료시설 중 종합병원은 다중이용 건축물에 해당하지 않는다.
④ 층수가 25층이고 높이가 120m인 건축물은 고층건축물에 해당한다.
⑤ 기둥과 기둥 사이의 거리(기둥의 중심선 사이의 거리를 말한다)가 15m인 건축물은 특수구조건축물에 해당한다.

33. 건축법령상 건축과 대수선에 관한 설명으로 옳은 것을 모두 고른 것은?

> ㄱ. 건축물의 주계단·피난계단·특별피난계단을 증설하는 행위는 증축에 해당한다.
> ㄴ. 내력벽의 벽면적을 20m² 변경하는 행위는 대수선에 해당한다.
> ㄷ. 건축물의 주요구조부를 해체하지 아니하고 같은 대지의 다른 위치로 옮기는 것은 이전에 해당한다.
> ㄹ. 기둥 3개를 수선하여 건축물의 높이를 늘리는 것은 증축이다.

① ㄱ, ㄴ   ② ㄱ, ㄷ   ③ ㄴ, ㄷ
④ ㄴ, ㄹ   ⑤ ㄷ, ㄹ

34. 甲은 A광역시 B구에서 건축물의 용도를 변경하려고 한다. 건축법령상 이에 관한 설명으로 옳은 것은?(단, 건축법령상 특례 및 조례는 고려하지 않음)

① 甲은 발전시설을 공장으로 용도변경하는 경우에는 B구청장에게 신고를 하여야 한다.
② 甲은 노유자시설로 사용하던 건축물을 야영장시설로 변경하려는 경우 다른 용도를 추가하여 복수용도로 용도변경을 신청할 수 없다.
③ 甲은 숙박시설을 종교시설로 용도변경하는 경우에는 A광역시장에게 허가를 받아야 한다.
④ 甲은 운동시설을 수련시설로 용도변경하는 경우에는 B구청장에게 신고를 하여야 한다.
⑤ 甲은 업무시설을 교육연구시설로 용도변경하는 경우에는 B구청장에게 건축물대장 기재내용의 변경을 신청하여야 한다.

35. 건축법령상 건축허가에 관한 설명으로 틀린 것은?

① A도 B시에서 30층인 건축물을 건축하려는 자는 허가신청 전에 B시장에게 그 건축물의 건축이 법령에서 허용되는지에 대한 사전결정을 신청할 수 있다.
② 지붕틀을 세 개 이상 수선하려는 자가 건축신고를 하면 건축허가를 받은 것으로 본다.
③ 고속도로 통행료 징수시설을 대수선하려는 자는 시장·군수·구청장의 허가를 받아야 한다.
④ 허가권자는 초고층건축물에 대하여 건축허가를 하기 전에 건축물 안전영향평가를 안전영향평가기관에 의뢰하여 실시하여야 한다.
⑤ 허가권자는 위락시설이나 숙박시설의 건축을 허가하는 경우 해당 대지에 건축하려는 건축물의 용도·규모 또는 형태가 주거환경 또는 교육환경 등 주변환경을 고려할 때 부적합하다고 인정되는 경우 건축위원회의 심의를 거쳐 건축허가를 하지 아니할 수 있다.

36. 건축법령상 건축물의 대지와 도로에 관한 설명으로 틀린 것은?

① 연면적 합계가 2,000㎡ 이상인 작물재배사의 대지는 너비 6m 이상의 도로에 4m 이상 접하여야 한다.
② 손궤의 우려가 있는 토지에 대지를 조성할 때 옹벽의 외벽면에는 이의 지지 또는 배수를 위한 시설 외의 구조물이 밖으로 튀어나오지 아니하게 하여야 한다.
③ 건축물의 대지는 2m 이상이 도로(자동차만의 통행에 사용되는 도로는 제외)에 접하여야 한다.
④ 「농지법」에 따른 농막을 건축하는 경우에는 도로에 2m 이상 접하지 아니하여도 된다.
⑤ 허가권자는 지정한 도로를 폐지하거나 변경하려면 그 도로에 대한 이해관계인의 동의를 받아야 한다.

37. 건축법령상 건축허가 전에 건축물 안전영향평가를 받아야 하는 건축물에 해당하지 않는 것은?(단, 하나의 대지 위에 하나의 건축물이 있는 경우를 전제로 함)

① 높이가 200m인 건축물
② 층수가 55층인 건축물
③ 연면적 15만㎡인 20층의 건축물
④ 연면적 20만㎡인 30층의 건축물
⑤ 층수가 15층이고 높이가 150m인 연면적 10만㎡의 건축물

38. 건축법령상 대지에 공개공지 또는 공개공간을 설치하여야 하는 건축물은?(단, 건축물의 용도로 쓰는 바닥면적의 합계는 5천㎡ 이상이며, 건축법령상 특례 및 조례는 고려하지 않음)

① 일반공업지역에 있는 한방병원
② 일반주거지역에 있는 성당
③ 일반상업지역에 있는 어린이회관
④ 자연녹지지역에 있는 「청소년활동진흥법」에 따른 유스호스텔
⑤ 준공업지역에 있는 휴게음식점

39. 농지법령상 농업에 종사하는 개인으로서 농업인에 해당하는 자는?

① 가금 500수를 사육하면서 1년 중 100일을 축산업에 종사하는 자
② 꿀벌 8군을 사육하는 자
③ 농지에 300㎡의 고정식 온실을 설치하여 농작물 또는 다년생 식물을 경작 또는 재배하는 자
④ 2,000㎡의 농지에서 1년 중 70일을 농업에 종사하는 자
⑤ 농업경영을 통한 농산물의 연간 판매액이 100만원인 자

40. 농지법령상 농지소유자가 소유농지를 위탁경영할 수 있는 경우가 아닌 것은?

① 분만 후 1년 미만인 경우로서 자경할 수 없는 경우
② 4개월간 국외 여행 중인 경우
③ 농업법인이 청산 중인 경우
④ 농작업 중의 부상으로 3개월간 치료가 필요한 경우
⑤ 농업인이 자기 노동력이 부족하여 농작업의 일부를 위탁하는 경우

2025년도 제36회 시험대비 THE LAST 모의고사
김희상 부동산공법

회차	문제수	시험과목
2회	40	부동산공법

수험번호		성명	

【수험자 유의사항】

1. 시험문제지의 **총면수, 문제번호, 일련순서, 인쇄상태** 등을 확인하시고, 문제지 표지에 수험번호와 성명을 기재하시기 바랍니다.

2. 답은 각 문제마다 요구하는 **가장 적합하거나 가까운 답 1개**만 선택하고, 답안카드 작성 시 시험문제지 **마킹착오**로 인한 불이익은 전적으로 **수험자에게 책임**이 있음을 알려드립니다.

3. 답안카드는 국가전문자격 공통 표준형으로 문제번호가 1번부터 125번까지 인쇄되어 있습니다. 답안 마킹 시에는 반드시 **시험문제지의 문제번호와 동일한 번호**에 마킹하여야 합니다.

4. **감독위원의 지시에 불응하거나 시험시간 종료 후 답안카드를 제출하지 않을 경우 불이익이 발생할 수 있음**을 알려드립니다.

5. 시험문제지는 시험 종료 후 가져가시기 바랍니다.

6. 답안작성은 **시험시행일 현재 시행되는 법령** 등을 적용하시기 바랍니다.

7. 가답안 의견제시에 대한 개별회신 및 공고는 하지 않으며, **최종 정답 발표로 갈음**합니다.

8. 시험 중 **중간 퇴실은 불가**합니다. 단, 부득이하게 퇴실할 경우 **시험 포기각서 제출 후 퇴실은 가능하나 재입실이 불가**하며, **해당시험은 무효처리**됩니다.

박문각은 여러분의 제36회 공인중개사 시험 합격을 진심으로 응원합니다!

부동산공법 중 부동산 중개에 관련되는 규정

1. 국토의 계획 및 이용에 관한 법령상 광역도시계획에 관한 설명으로 옳은 것은?

① 광역도시계획은 광역시의 장기발전방향을 제시하는 계획을 말한다.
② 국토교통부장관은 공동으로 조정신청을 받은 경우에는 기한을 정하여 당사자 간에 다시 협의를 하도록 권고할 수 있다.
③ 시장 또는 군수는 광역도시계획을 변경하려면 국토교통부장관의 승인을 받아야 한다.
④ 광역계획권이 같은 도의 관할 구역에 속한 경우에는 도지사가 광역도시계획을 수립하여야 한다.
⑤ 시장 또는 군수가 협의를 거쳐 요청하는 경우에는 도지사가 단독으로 광역도시계획을 수립할 수 있다.

2. 국토의 계획 및 이용에 관한 법령상 건폐율의 최대한도가 큰 용도지역부터 나열한 것은?(단, 조례 기타 조건은 고려하지 않음)

> ㄱ. 제1종 전용주거지역
> ㄴ. 제2종 일반주거지역
> ㄷ. 일반공업지역
> ㄹ. 계획관리지역

① ㄱ - ㄴ - ㄹ - ㄷ
② ㄴ - ㄱ - ㄷ - ㄹ
③ ㄴ - ㄷ - ㄹ - ㄱ
④ ㄷ - ㄴ - ㄱ - ㄹ
⑤ ㄷ - ㄱ - ㄹ - ㄴ

3. 국토의 계획 및 이용에 관한 법령상 도시·군기본계획에 관한 설명으로 옳은 것은?

① 도시·군기본계획을 수립할 때 기초조사의 내용에 국토교통부장관이 정하는 바에 따라 실시하는 환경성 검토와 재해취약성 분석을 포함하여야 한다.
② 다른 법률에 따른 지역·지구 등의 지정으로 인하여 도시·군기본계획의 변경이 필요한 경우에는 토지적성평가를 하지 아니할 수 있다.
③ 도시·군기본계획의 수립기준은 대통령령으로 정하는 바에 따라 시·도지사가 정한다.
④ 광역시장이 도시·군기본계획을 수립하려면 국토교통부장관의 승인을 받아야 한다.
⑤ 시장 또는 군수는 10년마다 관할 구역의 도시·군기본계획에 대하여 그 타당성 여부를 전반적으로 재검토하여야 한다.

4. 국토의 계획 및 이용에 관한 법령상 도시·군관리계획에 관한 설명으로 옳은 것은?

① 주민은 광장의 설치에 관한 사항에 대하여 도시·군관리계획의 입안권자에게 그 계획의 입안을 제안할 수 없다.
② 도시·군계획시설입체복합구역의 지정에 관한 사항에 관한 도시·군관리계획의 입안을 제안하려는 자는 국공유지를 제외한 대상 토지면적의 4분의 3 이상의 토지소유자의 동의를 받아야 한다.
③ 지구단위계획구역의 지정에 관한 도시·군관리계획의 입안을 제안하려는 자는 국공유지를 포함한 대상 토지면적의 5분의 4 이상의 토지소유자의 동의를 받아야 한다.
④ 산업·유통개발진흥지구의 지정을 제안할 수 있는 대상지역의 면적은 1만㎡ 이상 3만㎡ 미만이어야 한다.
⑤ 도시·군관리계획의 입안을 제안받은 자는 제안자와 협의하여 제안된 도시·군관리계획의 입안 및 결정에 필요한 비용의 전부를 제안자에게 부담시킬 수 없다.

5. 국토의 계획 및 이용에 관한 법령상 용도지역에 관한 설명으로 틀린 것은?

① 용도지역은 도시지역, 관리지역, 농림지역, 자연환경보전지역을 말한다.
② 환경을 저해하지 아니하는 공업의 배치를 위하여 필요한 지역은 일반공업지역으로 지정한다.
③ 「항만법」에 따른 항만구역으로서 관리지역에 연접한 공유수면은 「국토의 계획 및 이용에 관한 법률」에 따른 도시지역으로 결정·고시된 것으로 본다.
④ 관리지역에서 「농지법」에 따른 농업진흥지역으로 지정·고시된 지역은 농림지역으로 결정·고시된 것으로 본다.
⑤ 도시지역·관리지역·농림지역 또는 자연환경보전지역으로 용도가 지정되지 아니한 지역에 대하여는 용적률의 규정을 적용할 때에 자연환경보전지역에 관한 규정을 적용한다.

6. 국토의 계획 및 이용에 관한 법령상 용도지구에 관한 설명으로 틀린 것은?

① 자연방재지구 : 건축물·인구가 밀집되어 있는 지역으로서 시설 개선 등을 통하여 재해 예방이 필요한 지구
② 집단취락지구 : 개발제한구역 안의 취락을 정비하기 위하여 필요한 지구
③ 복합개발진흥지구 : 주거기능, 공업기능, 유통·물류기능 및 관광·휴양기능 중 둘 이상의 기능을 중심으로 집중적으로 개발·정비할 필요가 있는 지구
④ 중요시설물보호지구 : 중요시설물(항만, 공항 등)의 보호와 기능의 유지 및 증진 등을 위하여 필요한 지구
⑤ 특정용도제한지구 : 주거 및 교육환경 보호나 청소년 보호 등의 목적으로 오염물질 배출시설, 청소년 유해시설 등 특정시설의 입지를 제한할 필요가 있는 지구

7. 국토의 계획 및 이용에 관한 법령상 도시혁신구역에서 도시혁신계획으로 따로 정할 수 있는 규정에 해당하는 법률 규정을 모두 고른 것은?

> ㄱ. 「주차장법」에 따른 부설주차장의 설치
> ㄴ. 「건축법」에 따른 대지 안의 공지
> ㄷ. 「학교용지 확보 등에 관한 특례법」에 따른 학교용지의 조성·개발기준
> ㄹ. 「건축법」에 따른 대지의 조경

① ㄱ, ㄷ　　② ㄱ, ㄹ　　③ ㄷ, ㄹ
④ ㄱ, ㄴ, ㄷ　　⑤ ㄱ, ㄴ, ㄷ, ㄹ

8. 국토의 계획 및 이용에 관한 법령상 지구단위계획에 관한 설명으로 틀린 것은?

① 개발제한구역에서 해제되는 구역 중 계획적인 관리가 필요한 지역은 지구단위계획구역으로 지정할 수 있다.
② 지구단위계획의 수립기준은 국토교통부장관이 정한다.
③ 계획관리지역에 지정하는 지구단위계획구역의 지정목적이 한옥마을을 보존하고자 하는 경우에는 지구단위계획으로 「주차장법」에 의한 주차장 설치기준을 100퍼센트까지 완화하여 적용할 수 있다.
④ 도시지역에 개발진흥지구를 지정하고 당해 지구를 지구단위계획구역으로 지정한 경우에는 지구단위계획으로 「건축법」 제60조에 따라 제한된 건축물 높이의 120퍼센트 이내에서 높이제한을 완화하여 적용할 수 있다.
⑤ 「주택법」에 따라 대지조성사업지구로 지정된 지역의 전부에 대하여 지구단위계획구역으로 지정할 수 있다.

9. 국토의 계획 및 이용에 관한 법령상 기반시설과 그 해당 시설의 연결로 옳지 않은 것은?

① 공간시설 - 녹지
② 유통·공급시설 - 공동구
③ 공공·문화체육시설 - 공공청사
④ 방재시설 - 유수지
⑤ 환경기초시설 - 도축장

10. 국토의 계획 및 이용에 관한 법령상 토지에의 출입 등에 관한 설명으로 옳은 것은?

① 도시·군계획에 관한 기초조사를 위해 타인의 토지에 출입하는 행위로 인하여 손실을 입은 자가 있으면, 그 행위자가 손실을 보상하여야 한다.
② 도시·군계획시설사업의 시행자는 타인의 토지를 임시통로로 일시사용하려는 경우 토지의 소유자·점유자 또는 관리인의 동의를 받을 필요가 없다.
③ 도시·군계획시설사업에 관한 조사를 위하여 타인의 토지에 출입하려는 자는 토지의 소유자·점유자 또는 관리인의 동의를 받아야 한다.
④ 도시·군계획시설사업에 관한 조사를 위하여 필요한 경우 행정청인 도시·군계획시설사업의 시행자는 허가 없이 타인의 토지에 출입할 수 있다.
⑤ 일출 전이나 일몰 후에는 그 토지 점유자의 승낙 여부와 관계없이 택지나 담장 또는 울타리로 둘러싸인 토지에 출입할 수 없다.

11. 국토의 계획 및 이용에 관한 법령상 개발행위허가를 받아야 하는 것은?

① 「도시개발법」에 따른 도시개발사업에 의한 건축물의 건축
② 경작을 위한 토지의 형질변경
③ 「도시 및 주거환경정비법」에 따른 정비사업에 의한 토석의 채취
④ 재해복구 또는 재난수습을 위한 응급조치
⑤ 계획관리지역 안에서 건축물의 울타리 안에 위치하지 아니한 토지에 물건을 1개월 이상 쌓아놓는 행위

12. 국토의 계획 및 이용에 관한 법령상 기반시설부담구역 등에 관한 설명으로 옳은 것은?

① 기반시설부담구역은 개발밀도관리구역과 중복하여 지정될 수 있다.
② 기반시설부담구역으로 지정된 지역에 대해 개발행위허가를 제한하였다가 이를 연장하기 위해서는 도시계획위원회의 심의를 거치지 않아도 된다.
③ 기반시설설치비용은 현금, 신용카드 또는 직불카드로 납부하도록 하되, 부과대상 토지 및 이와 비슷한 토지로 하는 납부를 인정할 수 없다.
④ 기반시설부담구역의 지정고시일부터 2년이 되는 날까지 기반시설설치계획을 수립하지 아니하면 그 2년이 되는 날의 다음 날에 구역의 지정은 해제된 것으로 본다.
⑤ 「고등교육법」에 따른 대학은 기반시설부담구역에 설치가 필요한 기반시설에 해당한다.

13. 도시개발법령상 국토교통부장관이 도시개발구역을 지정할 수 있는 경우가 아닌 것은?

① 국가가 도시개발사업을 실시할 필요가 있는 경우
② 환경부장관이 10만㎡ 규모로 도시개발구역의 지정을 요청하는 경우
③ 정부출연기관의 장이 20만㎡ 규모로 국가계획과 밀접한 관련이 있는 도시개발구역의 지정을 제안하는 경우
④ 둘 이상의 시·도에 걸친 경우로서 시·도지사 간에 협의가 성립되지 아니한 경우
⑤ 천재지변으로 인해 도시개발사업을 긴급하게 할 필요가 있는 경우

14. 도시개발법령상 개발계획의 수립 및 변경과 도시개발구역의 지정에 관한 설명으로 틀린 것은?

① 도지사는 계획적인 도시개발이 필요하다고 인정되는 때에는 도시개발구역을 지정할 수 있다.
② 지정권자는 직접 또는 관계 중앙행정기관의 장 또는 시장(대도시 시장을 제외)·군수·구청장의 요청을 받아 개발계획을 변경할 수 있다.
③ 광역도시계획이나 도시·군기본계획이 수립되어 있는 지역에 대하여 개발계획을 수립하려면 개발계획의 내용이 해당 광역도시계획이나 도시·군기본계획에 들어맞도록 하여야 한다.
④ 개발계획의 내용 중 보건의료시설 및 복지시설의 설치계획은 도시개발구역을 지정한 후에 개발계획에 포함시킬 수 있다.
⑤ 지정권자는 도시개발사업을 환지방식으로 시행하려고 개발계획을 수립하거나 변경할 때에 도시개발사업의 시행자가 국가인 경우에는 토지소유자의 동의를 받을 필요가 없다.

15. 도시개발법령상 도시개발조합에 관한 설명으로 옳은 것은?

① 도시개발조합은 도시개발구역의 토지소유자 5명 이상이 정관을 작성하여 지정권자에게 조합설립의 인가를 받아야 한다.
② 조합이 인가받은 사항 중 주된 사무소 소재지를 변경하려면 지정권자에게 신고하여야 한다.
③ 의결권을 가진 조합원의 수가 150인인 조합은 총회의 권한을 대행하게 하기 위하여 대의원회를 두어야 한다.
④ 조합의 임원은 그 조합의 다른 임원이나 직원을 겸할 수 있다.
⑤ 도시개발조합의 조합원은 도시개발구역 안의 토지소유자 또는 건축물 소유자로 한다.

16. 도시개발법령상 수용 및 사용방식에 의한 도시개발사업에 관한 설명으로 옳은 것은?

① 토지상환채권의 발행규모는 그 토지상환채권으로 상환할 토지 및 건축물이 해당 도시개발사업으로 조성되는 분양토지 또는 분양건축물 면적의 3분의 2를 넘지 않아야 한다.
② 지방공사인 시행자는 사업대상 토지면적의 3분의 2 이상에 해당하는 토지를 소유하고 토지소유자 총수의 2분의 1 이상의 동의를 받아야 사업에 필요한 토지 등을 수용 또는 사용할 수 있다.
③ 시행자는 조성토지를 공급받는 자로부터 해당 대금의 전부 또는 일부를 미리 받을 수 없다.
④ 원형지를 학교부지로 직접 사용하는 자를 원형지개발자로 선정하는 경우에는 수의계약 방법으로 한다.
⑤ 수용 또는 사용의 대상이 되는 토지 등의 세부목록을 고시한 때에는 「공익사업을 위한 토지 등의 취득 및 보상에 관한 법률」에 따른 사업인정 및 그 고시가 있었던 것으로 본다.

17. 도시개발법령상 환지계획에 관한 설명으로 옳은 것은?

① 시행자는 환지방식이 적용되는 도시개발구역에 있는 조성토지 등의 가격을 평가할 때에는 감정가격으로 결정한다.
② 시행자는 규약·정관·시행규정 또는 실시계획으로 정하는 목적을 위하여 일정한 토지를 환지로 정하지 아니하고 체비지로 정할 수 있다.
③ 환지계획의 작성에 따른 환지계획의 기준, 보류지의 책정기준 등에 관하여 필요한 사항은 국토교통부령으로 정할 수 있다.
④ 환지계획에서 환지를 정하지 아니한 종전의 토지에 있던 권리는 환지처분이 공고된 날의 다음 날이 끝나는 때에 소멸한다.
⑤ 행정청이 아닌 시행자가 인가받은 환지계획의 내용 중 종전 토지의 합필 또는 분필로 환지명세가 변경되는 경우에는 변경인가를 받아야 한다.

18. 도시개발법령상 환지 예정지의 지정과 환지처분에 관한 설명으로 틀린 것은?

① 환지를 정한 경우 그 과부족분에 대한 청산금은 환지처분을 하는 때에 결정하여야 하며, 환지처분이 공고된 날에 확정된다.
② 환지계획에서 정하여진 환지는 그 환지처분의 공고가 있는 날의 다음 날부터 종전의 토지로 본다.
③ 시행자가 도시개발사업의 시행을 위하여 필요하면 환지 예정지를 지정할 수 있다.
④ 도시개발사업의 준공검사 전에도 체비지를 사용할 수 있다.
⑤ 환지 예정지를 지정한 경우에 해당 토지를 사용하는 데 장애가 될 물건이 그 토지에 있으면 그 토지의 사용을 시작할 날을 따로 정할 수 있다.

19. 도시 및 주거환경정비법령상 단독주택 및 다세대주택 등이 밀집한 지역에서 정비기반시설과 공동이용시설의 확충을 통하여 주거환경을 보전·정비·개량하기 위하여 시행하는 사업으로 옳은 것은?

① 주거환경개선사업　② 재개발사업
③ 도시개발사업　　　④ 도시·군계획시설사업
⑤ 재건축사업

20. 도시 및 주거환경정비법령상 정비기본계획에 포함되어야 하는 사항에 해당하지 않는 것은?

① 녹지 조경 등에 관한 환경계획
② 도시 및 주거환경 개선을 위한 재정지원계획
③ 정비사업의 기본방향
④ 도시의 광역적 재정비를 위한 기본방향
⑤ 건폐율·용적률 등에 관한 건축물의 밀도계획

21. 도시 및 주거환경정비법령상 정비구역에서의 행위 중 시장·군수등의 허가를 받아야 하는 것을 모두 고른 것은? (단, 재해복구 또는 응급조치와는 관련이 없는 행위임)

ㄱ. 가설건축물의 건축
ㄴ. 건축물의 대수선
ㄷ. 이동이 쉽지 아니한 물건을 20일간 쌓아놓는 행위
ㄹ. 죽목의 식재
ㅁ. 건축물의 용도변경

① ㄴ, ㄹ　② ㄹ, ㅁ　③ ㄱ, ㄹ, ㅁ
④ ㄱ, ㄴ, ㄹ, ㅁ　⑤ ㄱ, ㄴ, ㄷ, ㄹ, ㅁ

22. 도시 및 주거환경정비법령상 조합에 의한 정비사업의 시행에 관한 설명으로 틀린 것은?

① 인가받은 사업시행계획 중 건축물이 아닌 부대·복리시설의 위치를 변경하고자 하는 경우에는 변경인가를 받아야 한다.
② 총회를 소집하려는 자는 총회가 개최되기 7일 전까지 회의목적·안건·일시 및 장소를 정하여 조합원에게 통지하여야 한다.
③ 시공자 선정을 의결하는 총회의 경우에는 조합원의 과반수가 직접 출석하여야 한다.
④ 대의원회는 정비사업전문관리업자의 선정 및 변경에 관한 사항에 대하여 총회의 권한을 대행할 수 없다.
⑤ 조합원의 수가 100명 이하인 조합은 조합설립인가를 받은 후 조합총회에서 국토교통부장관이 정하는 경쟁입찰의 방법으로 건설업자 또는 등록사업자를 시공자로 선정하여야 한다.

23. 도시 및 주거환경정비법령상 재개발사업조합이 조합설립인가를 받은 사항 중 시장·군수등에게 신고하고 변경할 수 있는 사항을 모두 고른 것은?(단, 정관 및 조례는 고려하지 않음)

ㄱ. 착오·오기 또는 누락임이 명백한 사항
ㄴ. 건축물의 매매로 조합원의 권리가 이전된 경우의 조합원의 교체
ㄷ. 정비구역의 면적이 15퍼센트 변경에 따라 변경되어야 하는 사항
ㄹ. 조합장의 성명 및 주소(조합장의 변경이 있는 경우로 한정한다)

① ㄱ, ㄴ　② ㄴ, ㄷ　③ ㄷ, ㄹ
④ ㄱ, ㄴ, ㄹ　⑤ ㄱ, ㄷ, ㄹ

24. 도시 및 주거환경정비법령에서의 관리처분계획 등에 관한 설명으로 옳은 것은?

① 분양신청기간의 연장은 10일의 범위에서 연장할 수 있다.
② 분양설계에 관한 계획은 사업시행계획인가·고시일을 기준으로 수립한다.
③ 같은 세대에 속하지 아니하는 2명 이상이 1주택 또는 1토지를 공유한 경우에는 소유자 수만큼 주택을 공급하여야 한다.
④ 시장·군수는 정비구역에서 바닥면적이 40m² 미만의 사실상 주거를 위하여 사용하는 건축물을 소유한 자로서 토지를 소유하지 아니한 자의 요청이 있는 경우에는 인수한 임대주택의 일부를 「주택법」에 따른 토지임대부 분양주택으로 전환하여 공급하여야 한다.
⑤ 지분형 주택의 규모는 주거전용면적 85m² 이하인 경우로 한정한다.

25. 주택법령상 용어에 관한 설명으로 옳은 것은?

① 국민주택은 주거전용면적이 85m² 이하인 주택을 말한다.
② 폭 15m의 일반도로로 분리된 토지는 각각 별개의 주택단지로 본다.
③ 복리시설은 어린이놀이터, 유치원, 경로당과 같은 주택단지 안의 입주자 등의 생활복리를 위한 공동시설을 말하며, 종교시설도 이에 포함된다.
④ 「산업입지 및 개발에 관한 법률」에 따른 산업단지개발사업으로 개발·조성된 공동주택이 건설되는 용지는 공공택지에 해당하지 않는다.
⑤ 공구란 하나의 주택단지에서 둘 이상으로 구분되는 일단의 구역으로서 공구별 세대수는 600세대 이상으로 하여야 한다.

26. 주택법령상 사업계획의 승인을 받아 건설하는 세대구분형 공동주택에 관한 설명으로 옳은 것을 모두 고른 것은?

> ㄱ. 주택단지 공동주택 전체 세대수의 10분의 1을 넘지 아니하여야 한다.
> ㄴ. 세대구분형 공동주택의 세대별로 구분된 각각의 공간마다 별도의 욕실, 부엌과 현관을 설치하여야 한다.
> ㄷ. 세대구분형 공동주택은 주택 내부 공간의 일부를 세대별로 구분하여 생활이 가능한 구조로 하되, 그 구분된 공간의 일부를 구분소유할 수 있는 주택이다.
> ㄹ. 하나의 세대가 통합하여 사용할 수 있도록 세대 간에 연결문 또는 경량구조의 경계벽 등을 설치하여야 한다.
> ㅁ. 세대구분형 공동주택의 건설과 관련하여 주택건설기준 등을 적용하는 경우 세대구분형 공동주택의 세대수는 그 구분된 공간마다 각각 하나의 세대로 산정한다.

① ㄱ, ㄴ ② ㄴ, ㄹ ③ ㄱ, ㄴ, ㄷ
④ ㄱ, ㄴ, ㄹ ⑤ ㄴ, ㄹ, ㅁ

27. 주택법령상 주택건설사업 또는 대지조성사업의 등록에 관한 설명으로 틀린 것은?

① 주택건설사업의 등록을 하려는 자가 개인인 경우에는 자산평가액이 3억원 이상이어야 한다.
② 한국토지주택공사가 주택건설사업을 시행하려는 경우에는 국토교통부장관에게 등록하지 않아도 된다.
③ 세대수를 증가하는 리모델링주택조합이 그 구성원의 주택을 건설하는 경우에는 지방공사와 공동으로 사업을 시행할 수 있다.
④ 근로자를 고용하고 있는 고용자가 등록사업자와 공동으로 근로자의 주택을 건설하려는 경우에는 국토교통부장관에게 등록하지 않아도 된다.
⑤ 주택건설공사를 시공할 수 있는 등록사업자가 최근 3년간 300세대 이상의 공동주택을 건설한 실적이 있는 경우에는 주택으로 쓰는 층수가 10개층인 주택을 건설할 수 있다.

28. 주택법령상 주택조합에 관한 설명으로 옳은 것은?

① 주거전용면적이 85㎡인 주택 1채를 소유하고 있는 세대주인 자는 국민주택을 공급받기 위하여 설립하는 직장주택조합의 조합원이 될 수 있다.
② 주택조합은 등록사업자가 경매 또는 공매로 취득하여 소유한 공공택지를 주택건설용지로 사용하여서는 아니 된다.
③ 지역주택조합의 경우에는 그 설립인가를 받은 날부터 3년 이내에 사업계획승인을 신청하여야 한다.
④ 리모델링주택조합의 설립인가를 받으려는 자는 해당 주택건설대지의 80% 이상에 해당하는 토지의 사용권원을 확보하여야 한다.
⑤ 지역주택조합의 설립인가를 받은 후 승인을 받아 조합원을 추가 모집하는 경우 추가 모집되는 자의 조합원 자격요건의 충족 여부는 해당 조합설립인가신청일을 기준으로 판단한다.

29. 주택법령상 사업계획승인에 관한 설명으로 옳은 것은?

① 사업계획승인권자는 사업계획승인신청을 받았을 때에는 정당한 사유가 없으면 신청받은 날부터 30일 이내에 사업주체에게 승인 여부를 통보하여야 한다.
② 광역시에서 330만㎡ 이상의 규모로 「도시개발법」에 의한 도시개발사업을 추진하는 지역 중 국토교통부장관이 지정·고시하는 지역 안에서 주택건설사업을 하는 등록사업자는 광역시장에게 사업계획승인을 받아야 한다.
③ 주택건설사업을 시행하려는 자는 전체 세대수가 600세대 이상의 주택단지를 공구별로 분할하여 주택을 건설·공급할 수 없다.
④ 사업주체는 주택건설사업계획의 승인을 받은 날부터 5년(착수기간이 연장되는 경우를 제외) 이내에 공사를 시작하여야 한다.
⑤ 한국토지주택공사가 주택건설사업계획의 승인을 받으려면 해당 주택건설대지의 소유권을 확보하여야 한다.

30. 주택법령상 주택의 분양가격제한에 관한 설명으로 옳은 것은?

① 국토교통부장관은 투기과열지구 중 분양가상한제 적용직전월부터 소급하여 12개월간의 아파트 분양가격상승률이 물가상승률의 2배를 초과한 지역에 대하여 분양가상한제 적용지역으로 지정할 수 있다.
② 시·도지사는 사업계획승인신청이 있는 날부터 30일 이내에 분양가심사위원회를 설치·운영하여야 한다.
③ 「관광진흥법」에 따라 지정된 관광특구에서 건설·공급하는 50층 이상이거나 높이가 150미터 이상인 공동주택은 분양가상한제의 적용을 받는다.
④ 사업주체가 공공택지에서 공급하는 주택에 대하여 입주자모집승인을 받은 경우에는 분양가상한제 적용주택이라도 입주자 모집공고에 분양가격을 공시할 필요가 없다.
⑤ 사업주체가 공공택지 외의 택지로서 「공공주택 특별법」에 따른 도심 공공주택 복합사업에서 건설·공급하는 공동주택은 분양가상한제의 적용을 받는다.

31. 주택법령상 주택상환사채에 관한 설명으로 틀린 것은?

① 한국토지주택공사는 주택상환사채를 발행할 수 있다.
② 주택상환사채를 발행하려는 자는 주택상환사채 발행계획을 수립하여 국토교통부장관의 승인을 받아야 한다.
③ 주택상환사채의 납입금은 주택조합의 운영비에의 충당에 사용할 수 있다.
④ 주택상환사채는 취득자의 성명을 채권에 기록하지 아니하면 사채발행자 및 제3자에게 대항할 수 없다.
⑤ 등록사업자의 등록이 말소된 경우에도 등록사업자가 발행한 주택상환사채의 효력에는 영향을 미치지 아니한다.

32. 건축법령상 특별건축구역에 관한 설명으로 옳은 것은?

① 「군사기지 및 군사시설 보호법」에 따른 군사기지 및 군사시설 보호구역은 특례 적용이 필요하다고 인정하는 경우에도 특별건축구역으로 지정될 수 없다.
② 「도로법」에 따른 접도구역은 특별건축구역으로 지정될 수 있다.
③ 특별건축구역에서 국가가 건축하는 건축물에 대하여는 대지와 도로와의 관계에 관한 규정을 적용하지 아니할 수 있다.
④ 특별건축구역에서의 건축기준의 특례사항은 국가철도공단이 건축하는 건축물에 대해서도 적용된다.
⑤ 특별건축구역에서 「도시공원 및 녹지 등에 관한 법률」에 따른 공원의 설치에 관한 규정은 개별 건축물마다 적용하여야 한다.

33. 건축법령상 소음방지를 위한 일정한 기준에 따라 층간바닥(화장실의 바닥은 제외)을 설치해야 하는 건축물이 아닌 것은?(단, 건축법령상의 특례는 고려하지 않음)

① 업무시설 중 오피스텔
② 교육연구시설 중 도서관
③ 단독주택 중 다가구주택
④ 숙박시설 중 다중생활시설
⑤ 제2종 근린생활시설 중 다중생활시설

34. 건축법령상 건축허가 및 건축신고에 관한 설명으로 틀린 것은?

① 자연환경을 보호하기 위하여 도지사가 지정·공고한 구역에 시장·군수가 4층의 무도학원의 건축을 허가하기 위해서는 도지사의 승인을 받아야 한다.
② 연면적이 170제곱미터이고 3층인 건축물의 방화벽의 변경은 건축신고의 대상이다.
③ 건축허가를 받은 건축물의 설계자를 변경하는 경우에는 신고하여야 한다.
④ 건축물의 건축허가를 받으면 사도법에 따른 사도개설허가를 받은 것으로 본다.
⑤ 건축신고를 한 자가 1년 이내에 공사에 착수하지 아니하면 그 신고의 효력은 없어진다.

35. 건축법상의 건축물 바닥면적의 산정방법에 관한 설명으로 틀린 것은?

① 건축물의 각층 또는 그 일부로서 벽, 기둥 기타 이와 유사한 구획의 중심선으로 둘러싸인 부분의 수평투영면적으로 한다.
② 벽·기둥의 구획이 없는 건축물은 그 지붕 끝부분으로부터 수평거리 1미터를 후퇴한 선으로 둘러싸인 수평투영면적으로 한다.
③ 건축물의 노대의 바닥은 난간 등의 설치 여부에 관계없이 노대의 면적에서 노대가 접한 가장 긴 외벽에 접한 길이에 1.5미터를 곱한 값을 뺀 면적을 바닥면적에 산입한다.
④ 필로티 부분은 그 부분이 공중의 통행 또는 차량의 통행 주차에 전용되는 경우와 공동주택의 경우에는 이를 바닥면적에 산입하지 아니한다.
⑤ 「장애인·노인·임산부 등의 편의증진 보장에 관한 법률 시행령」에 따른 장애인용 승강기, 장애인용 에스컬레이터, 휠체어리프트, 경사로는 바닥면적에 산입한다.

36. 건축법령상 건축협정구역에서 건축하는 건축물에 대하여 완화하여 적용할 수 있는 규정을 모두 고른 것은?

> ㄱ. 「건축법」 제56조 건축물의 용적률
> ㄴ. 「건축법」 제44조 대지와 도로의 관계
> ㄷ. 「건축법」 제60조 건축물의 높이제한
> ㄹ. 「문화예술진흥법」에 따른 건축물에 대한 미술작품의 설치

① ㄱ, ㄷ   ② ㄷ, ㄹ   ③ ㄱ, ㄴ, ㄷ
④ ㄴ, ㄷ, ㄹ   ⑤ ㄱ, ㄴ, ㄷ, ㄹ

37. 건축법령상 특별자치시장·특별자치도지사 또는 시장·군수·구청장에게 신고하고 축조하여야 하는 공작물에 해당하는 것은?(단, 적용특례는 고려하지 않음)

① 높이가 2m의 담장
② 높이가 3m의 기념탑
③ 높이가 6m의 고가수조
④ 주거지역에 설치하는 높이가 7m의 통신용 철탑
⑤ 바닥면적이 25m²의 지하대피호

38. 건축법령상 건축법을 적용하지 않는 건축물을 모두 고른 것은?

> ㄱ. 「문화유산의 보존 및 활용에 관한 법률」에 따른 지정문화유산
> ㄴ. 철도나 궤도의 선로 부지에 있는 플랫폼
> ㄷ. 고속도로 통행료 징수시설
> ㄹ. 주거용 건축물의 대지에 설치한 컨테이너를 이용한 간이창고
> ㅁ. 「자연유산의 보존 및 활용에 관한 법률」에 따라 지정된 천연기념물

① ㄱ, ㄹ   ② ㄴ, ㄷ   ③ ㄱ, ㄴ, ㄷ, ㅁ
④ ㄱ, ㄷ, ㄹ, ㅁ   ⑤ ㄴ, ㄷ, ㄹ, ㅁ

39. 농지법령상 농지의 소유에 관한 설명으로 틀린 것은?

① 상속으로 농지를 취득한 사람으로서 농업경영을 하지 아니한 사람은 그 상속 농지 중에서 1만 제곱미터까지만 소유할 수 있다.
② 주말·체험영농을 하려고 농업진흥지역 밖의 농지를 소유하는 경우에는 자기의 농업경영에 이용하지 아니하여도 해당 농지를 소유할 수 있다.
③ 농지 소유에 관한 특례는 「농지법」에서 정한 경우 외에는 다른 법률에서 정할 수 없다.
④ 주말·체험영농을 하려고 농업진흥지역 밖의 농지를 소유하는 자는 농지취득자격증명을 받아야 하며, 주말·체험영농계획서를 작성하여야 한다.
⑤ 농지전용신고를 하고 농지를 전용하는 경우에는 농지를 전·답·과수원 외의 지목으로 변경할 수 없다.

40. 농지법령상 농업진흥지역에 관한 설명으로 옳은 것은?

① 농림축산식품부장관은 농지의 효율적인 이용·보전을 위하여 농업진흥지역을 지정한다.
② 광역시의 녹지지역은 농업진흥지역의 지정대상에 해당한다.
③ 태양에너지 발전설비로서 부지면적이 1만 제곱미터 미만인 시설은 농업진흥구역 내에 설치할 수 있다.
④ 농업보호구역의 용수원 확보, 수질보전 등 농업환경을 보호하기 위하여 필요한 지역을 농업진흥구역으로 지정할 수 있다.
⑤ 농업보호구역에서는 「농어촌정비법」에 따른 주말농원사업으로 그 부지가 4천 제곱미터인 시설을 설치할 수 있다.

2025년도 제36회 시험대비 THE LAST 모의고사
김희상 부동산공법

회차	문제수	시험과목
3회	40	부동산공법

수험번호		성명	

【수험자 유의사항】

1. 시험문제지의 **총면수, 문제번호, 일련순서, 인쇄상태** 등을 확인하시고, 문제지 표지에 수험번호와 성명을 기재하시기 바랍니다.

2. 답은 각 문제마다 요구하는 **가장 적합하거나 가까운 답 1개**만 선택하고, 답안카드 작성 시 시험문제지 **마킹착오**로 인한 불이익은 전적으로 **수험자에게 책임**이 있음을 알려드립니다.

3. 답안카드는 국가전문자격 공통 표준형으로 문제번호가 1번부터 125번까지 인쇄되어 있습니다. 답안 마킹 시에는 반드시 **시험문제지의 문제번호와 동일한 번호**에 마킹하여야 합니다.

4. **감독위원의 지시에 불응하거나 시험시간 종료 후 답안카드를 제출하지 않을 경우** 불이익이 발생할 수 있음을 알려드립니다.

5. 시험문제지는 시험 종료 후 가져가시기 바랍니다.

6. 답안작성은 **시험시행일 현재 시행되는 법령 등**을 적용하시기 바랍니다.

7. 가답안 의견제시에 대한 개별회신 및 공고는 하지 않으며, **최종 정답 발표**로 갈음합니다.

8. 시험 중 **중간 퇴실은 불가**합니다. 단, 부득이하게 퇴실할 경우 **시험 포기각서 제출 후 퇴실은 가능**하나 **재입실이 불가**하며, **해당시험은 무효처리됩니다.**

박문각은 여러분의 제36회 공인중개사 시험 합격을 진심으로 응원합니다!

부동산공법 중 부동산 중개에 관련되는 규정

1. 국토의 계획 및 이용에 관한 법령상 도시·군기본계획에 관한 설명으로 틀린 것은?
① 도시·군기본계획 입안일부터 5년 이내에 재해취약성분석을 실시한 경우에는 재해취약성분석을 하지 아니할 수 있다.
② 특별자치시장이 도시·군기본계획을 변경하는 경우에도 공청회를 열어 주민과 관계 전문가로부터 의견을 들어야 한다.
③ 관할 구역 전부에 대하여 광역도시계획이 수립되어 있는 시 또는 군으로서 당해 광역도시계획에 도시·군기본계획에 포함될 사항이 모두 포함되어 있는 시는 도시·군기본계획을 수립하지 아니할 수 있다.
④ 시장이 관할 구역에 대하여 다른 법률에 따른 환경·교통·수도·하수도·주택 등에 관한 부문별 계획을 수립할 때에는 도시·군기본계획의 내용에 부합되게 하여야 한다.
⑤ 특별자치도지사가 수립한 도시·군기본계획의 승인은 국토교통부장관이 하고, 시장·군수가 수립한 도시·군기본계획의 승인은 도지사가 한다.

2. 국토의 계획 및 이용에 관한 법령상 도시·군관리계획에 관한 설명으로 옳은 것은?
① 개발제한구역 안에 기반시설을 설치하는 경우에는 그 계획의 입안을 위한 재해취약성분석을 하지 아니할 수 있다.
② 주민이 기반시설의 개량에 대하여 입안을 제안하려면 국공유지를 포함한 토지면적의 5분의 4 이상의 토지소유자의 동의를 받아야 한다.
③ 도시지역의 축소에 따른 용도지역·용도지구·용도구역을 변경하는 경우에는 협의와 심의절차를 거치지 아니하고 도시·군관리계획을 변경할 수 있다.
④ 주민은 도시·군관리계획도서와 계획설명서를 첨부하여 용도구역 중 도시자연공원구역의 지정 및 변경에 대하여 입안권자에게 도시·군관리계획의 입안을 제안할 수 있다.
⑤ 둘 이상의 시·도에 걸쳐 이루어지는 사업의 계획 중 도시·군관리계획으로 결정하여야 할 사항이 있는 경우 도지사가 입안한 도시·군관리계획은 도지사가 결정할 수 있다.

3. 국토의 계획 및 이용에 관한 법령상 도시·군계획조례로 정할 수 있는 건폐율의 최대한도가 큰 용도지역부터 나열한 것은?

> ㄱ. 농림지역에 있는 「산업입지 및 개발에 관한 법률」에 따른 농공단지
> ㄴ. 공업지역에 있는 일반산업단지
> ㄷ. 자연녹지지역에 지정된 개발진흥지구
> ㄹ. 자연환경보전지역에 지정된 개발진흥지구
> ㅁ. 「자연공원법」에 따른 자연공원

① ㄱ-ㄴ-ㄹ-ㄷ-ㅁ
② ㄱ-ㄴ-ㅁ-ㄷ-ㄹ
③ ㄴ-ㄱ-ㅁ-ㄷ-ㄹ
④ ㄴ-ㄱ-ㅁ-ㄹ-ㄷ
⑤ ㄴ-ㅁ-ㄱ-ㄹ-ㄷ

4. 국토의 계획 및 이용에 관한 법령상 용도지역 중 중층주택을 중심으로 편리한 주거환경을 조성하기 위하여 필요한 지역에 건축할 수 있는 건축물이 아닌 것은?(단, 조례로 정하는 경우는 제외함)
① 사진관
② 치과의원
③ 아파트
④ 교육연구시설 중 고등학교
⑤ 종교시설

5. 국토의 계획 및 이용에 관한 법령상 도시혁신구역에 관한 설명으로 옳은 것은?
① 대도시 시장은 도시·군기본계획에 따른 도심·부도심 또는 생활권 중심지역을 도시혁신구역으로 지정할 수 있다.
② 다른 법률에서 공간재구조화계획의 결정을 의제하고 있는 경우에도 「국토의 계획 및 이용에 관한 법률」에 따르지 아니하고 도시혁신구역의 지정을 결정할 수 없다.
③ 시장·군수·구청장은 도시혁신구역에서 건축하는 건축물을 특별건축구역에서 적용배제 사항을 적용하여 건축할 수 있는 건축물에 포함시킬 수 없다.
④ 도시혁신구역에 대하여는 「도시공원 및 녹지 등에 관한 법률」에 따른 도시공원 또는 녹지 확보기준에 관한 규정을 도시혁신계획으로 따로 정할 수 없다.
⑤ 도시혁신구역으로 지정된 지역은 「건축법」에 따른 건축협정구역으로 지정된 것으로 본다.

6. 국토의 계획 및 이용에 관한 법령상 기반시설의 종류와 그 해당 시설의 연결이 옳은 것은?

① 공간시설 – 저수지
② 방재시설 – 하수도
③ 공공·문화체육시설 – 방송·통신시설
④ 환경기초시설 – 유원지
⑤ 보건위생시설 – 종합의료시설

7. 국토의 계획 및 이용에 관한 법령상 공동구와 광역시설에 관한 설명으로 틀린 것은?

① 하수도관은 공동구협의회의 심의를 거쳐 공동구에 수용할 수 있다.
② 공동구관리자는 5년마다 해당 공동구의 안전 및 유지관리계획을 수립·시행하여야 한다.
③ 「공공주택 특별법」에 따른 공공주택지구의 규모가 300만제곱미터인 경우 해당 구역의 사업시행자는 공동구를 설치하여야 한다.
④ 공동구관리자는 공동구관리에 소요되는 비용을 연 3회로 분할하여 납부하게 하여야 한다.
⑤ 국가계획으로 설치하는 광역시설은 그 광역시설의 설치·관리를 사업목적 또는 사업종목으로 하여 다른 법률에 따라 설립된 법인이 설치·관리할 수 있다.

8. 국토의 계획 및 이용에 관한 법령상 도시·군계획시설사업에 관한 설명으로 옳은 것은?

① 특별시장이 단계별 집행계획을 수립하고자 하는 때에는 미리 관계 행정기관의 장과 협의하여야 하며, 지방도시계획위원회의 심의를 거쳐야 한다.
② 시장 또는 군수는 도시·군계획시설결정이 효력을 잃으면 지체 없이 그 사실을 고시하여야 한다.
③ 도시·군계획시설결정의 고시일부터 20년이 지날 때까지 그 시설의 설치에 관한 도시·군계획시설사업이 시행되지 아니하는 경우, 그 도시·군계획시설결정은 그 고시일부터 20년이 되는 날에 효력을 잃는다.
④ 실시계획을 고시한 경우에는 「공익사업을 위한 토지 등의 취득 및 보상에 관한 법률」에 따른 사업인정 및 고시가 있었던 것으로 본다.
⑤ 「지방공기업법」에 의한 지방공사 및 지방공단이 도시·군계획시설사업을 시행하는 경우에는 이행보증금을 예치하여야 한다.

9. 국토의 계획 및 이용에 관한 법령상 개발행위에 따른 공공시설의 귀속에 관한 설명으로 옳은 것은?

① 개발행위허가를 받은 자가 행정청인 경우 개발행위허가를 받은 자가 새로 설치한 공공시설은 개발행위허가를 받은 행정청에 귀속된다.
② 개발행위허가를 받은 자가 행정청이 아닌 경우 개발행위허가를 받은 자가 새로 설치한 공공시설은 그 시설을 관리할 관리청에 유상으로 귀속된다.
③ 개발행위허가를 받은 자가 행정청이 아닌 경우 개발행위로 용도가 폐지되는 공공시설은 새로 설치한 공공시설의 설치비용에 상당하는 범위에서 개발행위허가를 받은 자에게 무상으로 양도할 수 있다.
④ 군수는 공공시설인 하천의 귀속에 관한 사항이 포함된 개발행위허가를 하려면 미리 기획재정부장관의 의견을 들어야 한다.
⑤ 개발행위허가를 받은 자가 행정청인 경우 개발행위허가를 받은 자가 준공검사를 마쳤다면 해당 시설의 관리청에 공공시설의 종류를 통지할 필요가 없다.

10. 국토의 계획 및 이용에 관한 법령상 개발밀도관리구역 및 기반시설부담구역에 관한 설명으로 틀린 것은?

① 기반시설설치가 필요하다고 인정되는 지역으로서 당해 지역의 도로율이 국토교통부령이 정하는 용도지역별 도로율에 20% 이상 미달하는 지역은 기반시설부담구역으로 지정하여야 한다.
② 지구단위계획을 수립한 경우에 기반시설설치계획을 수립한 것으로 본다.
③ 광역시장은 상업지역에서 개발행위로 기반시설의 수용능력이 부족할 것으로 예상되는 지역 중 기반시설의 설치가 곤란한 지역을 개발밀도관리구역으로 지정할 수 있다.
④ 공원과 녹지는 기반시설부담구역에서 설치가 필요한 기반시설에 해당한다.
⑤ 광역시장이 기반시설부담구역으로 지정된 지역에 대하여 개발행위허가를 제한하였다가 이를 연장하려는 경우에는 지방도시계획위원회의 심의를 거치지 않아도 된다.

11. 국토의 계획 및 이용에 관한 법령상 개발행위허가 등에 관한 설명으로 틀린 것은?

① 행정재산 중 용도폐지되는 부분을 분할하는 경우에는 개발행위허가를 받지 않아도 된다.
② 생산녹지지역에서는 도시계획위원회의 심의를 통하여 개발행위허가의 기준을 강화하여 적용할 수 있다.
③ 개발밀도관리구역 안에서는 기반시설의 설치나 그에 필요한 용지의 확보에 관한 계획서를 제출하지 아니한다.
④ 허가권자가 개발행위허가에 조건을 붙이려는 때에는 미리 개발행위허가를 신청한 자의 의견을 들어야 한다.
⑤ 너비 5미터 이하로 분할될 토지의 「건축법」에 따른 분할제한면적 미만으로 토지를 분할하는 경우에는 개발행위허가를 받지 않고 할 수 있다.

12. 국토의 계획 및 이용에 관한 법령상 기반시설부담구역에서 기반시설설치비용의 산정에 사용되는 건축물별 기반시설유발계수가 높은 것부터 나열한 것은?

ㄱ. 카지노영업소	ㄴ. 유스호스텔
ㄷ. 안마원	ㄹ. 치과병원
ㅁ. 총포판매소	ㅂ. 공항시설

① ㄱ - ㄴ - ㄷ - ㄹ - ㅁ - ㅂ
② ㄱ - ㅁ - ㅂ - ㄴ - ㄷ - ㄹ
③ ㄱ - ㅁ - ㅂ - ㄷ - ㄹ - ㄴ
④ ㄴ - ㄹ - ㄷ - ㄱ - ㅁ - ㅂ
⑤ ㄹ - ㄱ - ㅁ - ㅂ - ㄷ - ㄴ

13. 도시개발법령상 개발계획과 도시개발구역에 관한 설명으로 틀린 것은?

① 지방공사인 시행자는 특별자치도지사·시장·군수·구청장에게 도시개발구역의 지정을 제안할 수 있다.
② 지정권자가 도시개발사업을 환지방식으로 시행하려고 개발계획을 수립하는 경우 시행자가 지방공사이면 토지소유자의 동의를 받을 필요가 없다.
③ 순환개발 등 단계적 사업추진이 필요한 경우 사업추진계획 등에 관한 사항은 도시개발구역을 지정한 후에 개발계획에 포함시킬 수 있다.
④ 개발계획에는 보건의료시설 및 복지시설의 설치계획에 관한 사항이 포함되어야 한다.
⑤ 해당 도시개발구역에 포함되는 공업지역의 면적이 전체 도시개발구역 지정 면적의 100분의 20인 지역은 도시개발구역을 지정한 후에 개발계획을 수립할 수 있다.

14. 도시개발법령상 도시개발사업의 시행에 관한 설명으로 옳은 것은?

① 「한국관광공사법」에 따른 한국관광공사는 도시개발사업의 시행자가 될 수 없다.
② 「한국철도공사법」에 따른 한국철도공사는 「역세권의 개발 및 이용에 관한 법률」에 따른 역세권개발사업을 시행하는 경우에만 도시개발사업의 시행자가 된다.
③ 도시개발구역 지정의 제안을 받은 특별자치도지사·시장·군수·구청장은 제안 내용의 수용 여부를 60일 이내에 제안자에게 통보하여야 한다.
④ 「부동산투자회사법」에 따라 설립된 위탁관리부동산투자회사는 조성된 토지의 분양에 관한 업무를 「주택법」에 따른 주택건설사업자에게 대행하게 할 수 없다.
⑤ 지정권자는 시행자가 도시개발사업에 관한 실시계획의 인가를 받은 후 3년 이내에 사업을 착수하지 아니하는 경우 시행자를 변경할 수 있다.

15. 도시개발법령상 도시개발조합에 관한 설명으로 옳은 것은?

① 조합설립의 인가를 신청하려면 국공유지를 포함한 토지 면적의 3분의 2 이상에 해당하는 토지소유자 또는 토지소유자 총수의 2분의 1 이상의 동의를 받아야 한다.
② 대의원회는 총회의 의결사항 중 부과금의 금액 및 징수방법에 관한 사항에 대하여 총회의 권한을 대행할 수 있다.
③ 조합원으로 된 자가 금고 이상의 형을 선고받은 경우에는 그 사유가 발생한 날의 다음 날부터 조합원의 자격을 상실한다.
④ 의결권이 없는 조합원도 조합의 임원이 될 수 있다.
⑤ 조합장의 자기를 위한 조합과의 계약이나 소송에 관하여는 이사가 조합을 대표한다.

16. 도시개발법령상 실시계획에 관한 설명으로 옳은 것은?

① 개발계획은 실시계획에 맞게 작성되어야 하고, 실시계획에는 지구단위계획이 포함되어야 한다.
② 인가를 받은 실시계획 중 사업비의 100분의 20이 증가된 경우 지정권자의 변경인가를 받아야 한다.
③ 시·도지사가 실시계획을 작성하거나 인가하는 경우 국토교통부장관과 협의를 하여야 한다.
④ 지정권자가 실시계획을 인가할 때 관계 행정기관의 장과 협의를 하는 경우 협의요청을 받은 관계 행정기관의 장은 30일 이내에 의견을 제출하여야 한다.
⑤ 실시계획 인가에 의해 「도로법」에 따른 도로공사 시행의 허가는 의제될 수 없다.

17. 도시개발법령상 수용 또는 사용방식에 따른 도시개발사업 시행에 관한 설명으로 옳은 것은?

① 지방자치단체에게 공급될 수 있는 원형지의 면적은 도시개발구역 전체 토지면적의 3분의 2까지로 한다.
② 원형지개발자인 「지방공기업법」에 따라 설립된 지방공사는 10년의 범위에서 대통령령으로 정하는 기간 안에는 원형지를 매각할 수 있다.
③ 수의계약의 방법으로 조성토지를 공급하기로 하였으나 공급신청량이 공급계획에서 계획된 면적을 초과하는 경우에는 경쟁입찰의 방법에 의한다.
④ 시행자가 조성토지등을 공급하는 경우 행정청이 「국토의 계획 및 이용에 관한 법률」에 따라 직접 설치하는 종합의료시설은 「감정평가 및 감정평가사에 관한 법률」에 따른 감정평가법인등이 감정평가한 가격 이하로 정할 수 없다.
⑤ 지정권자가 아닌 시행자는 작성한 조성토지등을 공급하려고 할 때에는 조성토지등의 공급계획에 대하여 지정권자의 승인을 받아야 한다.

18. 도시개발법령상 환지방식에 의한 사업의 시행에 관한 설명으로 틀린 것은?

① 지정권자가 시행자인 경우 준공검사를 받은 후 60일 이내에 환지처분을 하여야 한다.
② 체비지로 정해지지 않은 보류지는 환지계획에서 정한 자가 환지처분 공고일 다음 날에 해당 소유권을 취득한다.
③ 행정청이 아닌 시행자가 환지계획을 작성한 경우에는 특별자치도지사·시장·군수 또는 구청장의 인가를 받아야 한다.
④ 환지로 지정된 토지나 건축물을 금전으로 청산하는 내용으로 환지계획을 변경하는 경우에는 변경인가를 받지 않아도 된다.
⑤ 환지를 정한 경우 그 과부족분에 대한 청산금은 환지처분을 하는 때에 결정하여야 하고, 환지처분이 공고된 날의 다음 날에 확정된다.

19. 도시 및 주거환경정비법령상 비용의 부담 등에 관한 설명으로 틀린 것은?

① 사업시행자는 토지등소유자로부터 정비사업비용과 정비사업의 시행과정에서 발생한 수입의 차액을 부과금으로 부과·징수할 수 있다.
② 공동구점용예정자가 부담할 공동구의 설치에 드는 비용의 부담비율은 공동구의 점용예정면적비율에 따른다.
③ 부담금의 납부 통지를 받은 공동구 점용예정자는 공동구의 설치공사가 착수되기 전에 부담금액의 3분의 1 이상을 납부하여야 한다.
④ 시장·군수 등은 시장·군수 등이 아닌 사업시행자가 시행하는 정비사업의 정비계획에 따라 설치되는 임시거주시설에 대해서는 그 건설비용의 전부를 부담하여야 한다.
⑤ 체납된 부과금 또는 연체료의 부과 징수를 위탁받은 시장·군수 등은 지방세체납처분의 예에 따라 부과·징수할 수 있다.

20. 도시 및 주거환경정비법령상 조합에 관한 설명으로 틀린 것은?

① 조합이 정관의 기재사항인 조합 임원의 수를 변경하려는 때에는 시장·군수 등의 인가를 받아야 한다.
② 재건축사업의 추진위원회가 주택단지가 아닌 지역이 정비구역에 포함된 때에는 주택단지가 아닌 지역 안의 토지 또는 건축물 소유자의 4분의 3 이상 및 토지면적의 3분의 2 이상의 동의를 받아야 한다.
③ 토지등소유자의 수가 100인을 초과하는 경우 조합에 두는 이사의 수는 5명 이상으로 한다.
④ 시장·군수등은 조합원 3분의 1 이상이 전문조합관리인의 선정을 요청하면 공개모집을 통하여 전문조합관리인을 선정할 수 있다.
⑤ 조합의 대의원회는 조합원의 10분의 1 이상으로 구성하며, 조합장이 아닌 조합 임원은 대의원이 될 수 없다.

21. 도시 및 주거환경정비법령상 대도시 시장이 아닌 시장이 도시·주거환경정비기본계획(이하 '기본계획'이라 함)을 변경하려는 때에 도지사의 승인을 받아야 하는 경우로 옳은 것은?

① 건폐율 및 용적률의 15%를 변경하는 경우
② 단계별 정비사업의 추진계획을 변경하는 경우
③ 정비구역으로 지정할 예정인 구역의 면적을 구체적으로 명시한 경우 해당 구역 면적의 25%를 변경하는 경우
④ 공동이용시설에 대한 설치계획을 변경하는 경우
⑤ 「국토의 계획 및 이용에 관한 법률」에 따른 도시·군기본계획의 변경에 따라 기본계획을 변경하는 경우

22. 도시 및 주거환경정비법령상 주민이 공동으로 사용하는 시설로서 공동이용시설에 해당하는 것은?(단, 조례는 고려하지 않으며, 각 시설은 단독주택, 공동주택 및 제1종 근린생활시설에 해당하지 않음)

① 비상대피시설   ② 공동으로 사용하는 세탁장
③ 광장   ④ 공공공지
⑤ 가스공급시설

23. 도시 및 주거환경정비법령상 사업시행계획에 관한 설명으로 틀린 것은?

① 사업시행계획서에는 정비기반시설 및 공동이용시설의 설치계획이 포함되어야 한다.
② 시장·군수등은 사업시행계획인가를 하려는 경우에는 관계 서류의 사본을 14일 이상 일반인이 공람할 수 있게 하여야 한다.
③ 시장·군수등은 특별한 사유가 없으면 사업시행계획서의 제출이 있은 날부터 60일 이내에 인가 여부를 결정하여 사업시행자에게 통보하여야 한다.
④ 사업시행자가 사업시행계획인가를 받은 후 정비구역 또는 정비계획의 변경에 따라 사업시행계획서를 변경하려는 때에는 시장·군수등에게 인가를 받아야 한다.
⑤ 사업시행자는 일부 건축물의 존치 또는 리모델링에 관한 내용이 포함된 사업시행계획서를 작성하여 사업시행계획인가를 신청할 수 있다.

24. 도시 및 주거환경정비법령상 관리처분계획에 관한 설명으로 옳은 것은?

① 재개발사업의 시행자는 관리처분계획에 따라 놀이터, 마을회관, 공동작업장, 탁아소 등 공동이용시설을 설치하여야 한다.
② 사업시행자의 변동에 따른 권리의무의 변동이 있는 경우로서 분양설계의 변경을 수반하는 관리처분계획의 변경인 경우에는 시장·군수등에게 신고하여야 한다.
③ 재건축사업의 관리처분의 기준은 조합원 전원의 동의를 받더라도 법령상 정하여진 관리처분의 기준과 달리 정할 수 없다.
④ 주거환경개선사업의 관리처분은 정비구역 안의 지상권자에 대한 분양을 포함한다.
⑤ 재개발사업에서 한국토지주택공사인 토지등소유자에게는 하나 이상의 주택 또는 토지를 소유한 경우에는 소유한 주택 수만큼 공급할 수 있다.

25. 주택법령상 용어에 관한 설명으로 옳은 것은?

① 층수가 3층인 「건축법 시행령」에 따른 기숙사는 「주택법」상 공동주택에 해당한다.
② 「혁신도시 조성 및 발전에 관한 특별법」에 따른 혁신도시개발사업에 의하여 개발·조성되는 공동주택이 건설되는 용지는 공공택지에 해당하지 않는다.
③ 지방공사가 수도권에 건설한 주거전용면적이 1세대당 90제곱미터인 아파트는 국민주택에 해당한다.
④ 주택단지에 해당하는 토지가 폭 10미터인 일반도로로 분리된 경우, 분리된 토지를 각각 별개의 주택단지로 본다.
⑤ 사업계획승인을 받아 건설한 세대구분형 공동주택의 세대수가 해당 주택단지 안의 공동주택 전체 세대수의 3분의 1을 넘지 아니하여야 한다.

26. 주택법령상 도시형 생활주택에 관한 설명으로 옳은 것은?

① 400세대인 국민주택규모의 아파트형 주택은 도시형 생활주택에 해당한다.
② 사업등록이 필요한 경우로서 연간 30세대 이상의 도시형 생활주택을 건설하려는 자는 국토교통부장관에게 등록하여야 한다.
③ 도시형 생활주택은 분양가상한제가 적용된다.
④ 하나의 건축물에는 단지형 연립주택 또는 단지형 다세대주택과 아파트형 주택을 함께 건축할 수 있다.
⑤ 「국토의 계획 및 이용에 관한 법률 시행령」에 따른 준주거지역에서는 아파트형 주택과 도시형 생활주택 외의 주택을 하나의 건축물에 건축할 수 없다.

27. 주택법령상 주택조합에 관한 설명으로 옳은 것은?

① 시·도지사는 주택조합의 원활한 사업추진 및 조합원의 권리보호를 위하여 표준조합규약 및 표준공사계약서를 작성·보급할 수 있다.
② 자금의 차입과 그 방법·이자율 및 상환방법에 관한 사항을 의결하는 총회의 경우에는 조합원 100분의 10 이상이 직접 출석하여야 한다.
③ 주택조합의 발기인은 조합원 모집신고가 수리된 날부터 2년이 되는 날까지 주택조합 설립인가를 받지 못하는 경우 주택조합 가입신청자 전원으로 구성되는 총회 의결을 거쳐 주택조합사업의 종결 여부를 결정하도록 하여야 한다.
④ 지역주택조합의 경우 조합설립인가 후에 충원되는 자가 자격요건을 갖추었는지를 판단할 때에는 해당 조합설립인가일을 기준으로 한다.
⑤ 법원의 판결 또는 다른 법률에 따라 자격이 상실 또는 정지된 사람은 조합의 임원이 될 수 있다.

28. 주택법령상 주택건설사업계획의 승인에 관한 설명으로 틀린 것은?

① 주택분양보증을 받은 사업주체가 부도·파산 등으로 공사의 완료가 불가능한 경우 사업계획승인권자는 사업계획승인을 취소할 수 있다.
② 사업계획승인권자는 사업계획승인의 신청을 받았을 때에는 정당한 사유가 없으면 신청받은 날부터 60일 이내에 사업주체에게 승인 여부를 통보하여야 한다.
③ 한국토지주택공사가 사업주체인 경우 건축물의 배치와 용도별 위치를 변경하지 아니하는 범위에서의 건축물의 배치조정은 변경승인을 받지 않아도 된다.
④ 사업주체가 소송 진행으로 인하여 공사착수가 지연되어 연장신청을 하는 경우 사업계획승인권자는 그 분쟁이 종료된 날부터 1년의 범위에서 공사 착수기간을 연장할 수 있다.
⑤ 330만 제곱미터 이상의 규모로 「택지개발촉진법」에 의한 택지개발사업을 추진하는 지역 중 국토교통부장관이 지정·고시하는 지역 안에서 주택건설사업을 시행하는 경우에는 국토교통부장관으로부터 사업계획승인을 받아야 한다.

29. 주택법령상 분양가상한제 적용지역의 지정기준에 관한 조문의 일부이다. 다음 ( ) 안에 들어갈 숫자를 옳게 연결한 것은?

> 투기과열지구 중 다음의 어느 하나에 해당하는 지역을 말한다.
> 1. 분양가상한제 적용 지역으로 지정하는 날이 속하는 달의 바로 전달(이하 '분양가상한제적용직전월')부터 소급하여 12개월간의 아파트 분양가격상승률이 물가상승률의 (ㄱ)배를 초과한 지역
> 2. 분양가상한제적용직전월부터 소급하여 3개월간의 주택매매거래량이 전년 동기 대비 (ㄴ)% 이상 증가한 지역
> 3. 분양가상한제적용직전월부터 소급하여 주택공급이 있었던 2개월 동안 해당 지역에서 공급되는 주택의 월평균 청약경쟁률이 모두 5대 1을 초과하였거나 해당 지역에서 공급되는 국민주택규모 주택의 월평균 청약경쟁률이 모두 (ㄷ)대 1을 초과한 지역

	ㄱ	ㄴ	ㄷ
①	1	20	10
②	2	15	30
③	2	20	10
④	3	10	20
⑤	3	20	10

30. 주택법령상 투기과열지구 및 전매제한 등에 관한 설명으로 틀린 것은?

① 시·도지사가 투기과열지구를 해제할 경우에는 국토교통부장관과 협의하여야 한다.
② 투기과열지구는 그 지정 목적을 달성할 수 있는 최소한의 범위에서 시·군·구 또는 읍·면·동의 지역 단위로 지정하되, 택지개발지구 등 해당 지역 여건을 고려하여 지정 단위를 조정할 수 있다.
③ 시·도지사는 반기마다 주거정책심의위원회의 회의를 소집하여 투기과열지구로 지정된 지역별로 해당 지역의 주택가격 안정 여건의 변화 등을 고려하여 투기과열지구 지정의 유지 여부를 재검토하여야 한다.
④ 투기과열지구에서 건설·공급되는 주택의 전매제한기간은 입주자로 선정된 날부터 수도권은 3년, 수도권 외의 지역은 1년으로 한다.
⑤ 국토교통부장관은 주택의 분양실적이 전달보다 30퍼센트 이상 감소한 지역을 투기과열지구로 지정할 수 있다.

31. 주택법령상 리모델링에 관한 설명으로 옳은 것은?

① 관리주체가 리모델링하려고 하는 경우에는 공사기간, 공사방법 등이 적혀 있는 동의서에 입주자 4분의 3 이상의 동의를 받아야 한다.
② 기존 16층 건축물에 수직증축형 리모델링이 허용되는 경우 최대 2개층까지 증축할 수 있다.
③ 광역시장은 관할 구역에 대하여 리모델링 기본계획을 수립하거나 변경하려면 국토교통부장관의 승인을 받아야 한다.
④ 특별시장·광역시장 및 대도시 시장은 리모델링의 원활한 추진을 지원하기 위하여 리모델링 지원센터를 설치하여 운영할 수 있다.
⑤ 조합원의 비용분담에 관한 사항은 세대수가 증가되는 리모델링을 하는 경우 수립하여야 하는 권리변동계획에 포함된다.

32. 건축법령상 다중이용 건축물에 해당하는 용도가 아닌 것은? (단, 층수가 15층인 건축물로서 해당 용도로 쓰는 바닥면적의 합계가 5천 제곱미터 이상임)

① 판매시설   ② 업무시설   ③ 종교시설
④ 숙박시설 중 관광숙박시설   ⑤ 의료시설 중 종합병원

33. 건축법령상 사용승인을 받은 건축물의 용도변경이 허가 대상인 경우만을 모두 고른 것은?

	용도변경 전	용도변경 후
ㄱ.	발전시설	창고시설
ㄴ.	수련시설	종교시설
ㄷ.	운동시설	운수시설
ㄹ.	다중생활시설	제1종 근린생활시설
ㅁ.	야영장시설	업무시설
ㅂ.	판매시설	숙박시설

① ㄱ, ㄴ, ㄷ
② ㄱ, ㄴ, ㄷ, ㄹ
③ ㄴ, ㄹ, ㅁ, ㅂ
④ ㄱ, ㄴ, ㄷ, ㄹ, ㅂ
⑤ ㄱ, ㄴ, ㄹ, ㅁ, ㅂ

34. 건축법령상 건축허가와 건축신고에 관한 설명으로 틀린 것은?

① 연면적 300제곱미터인 4층의 건축물의 지붕틀을 세 개 이상 수선하는 대수선은 신고대상이다.
② 조립식 경량구조로 된 외벽이 없는 임시 자동차 차고인 가설건축물을 축조하려는 자는 특별자치시장·특별자치도지사 또는 시장·군수·구청장에게 신고한 후 착공하여야 한다.
③ 특별시장이 구청장의 건축허가를 제한하는 경우 제한기간은 2년 이내로 하되, 1회에 한하여 1년 이내의 범위에서 연장할 수 있다.
④ 교육환경을 보호하기 위하여 도지사가 지정·공고한 구역에 시장·군수가 층수가 3층인 일반음식점의 건축을 허가하려면 도지사의 사전승인을 받아야 한다.
⑤ 건축신고를 한 자가 신고일부터 1년 이내에 공사에 착수하지 아니하면 그 신고의 효력은 없어진다.

35. 건축법령상 공개공지등의 설치에 관한 설명으로 틀린 것은? (단, 「건축법」에 따른 적용특례 및 조례는 고려하지 않음)

① 준주거지역에 설치하는 해당 용도로 쓰는 바닥면적의 합계가 6,000제곱미터인 종교시설은 공개공지등을 설치하여야 하는 건축물에 해당한다.
② 공개공지등을 설치하는 경우에는 건폐율, 용적률, 건축물의 높이제한을 대통령령으로 정하는 바에 따라 완화하여 적용할 수 있다.
③ 공개공지등의 면적은 건축면적의 100분의 10 이하의 범위에서 건축조례로 정한다.
④ 공개공지는 필로티 구조로 설치할 수 있다.
⑤ 공개공지등에는 연간 60일 이내의 기간 동안 건축조례로 정하는 바에 따라 주민들을 위한 문화행사를 열거나 판촉활동을 할 수 있다.

36. 건축법령상 일조 등의 확보를 위한 높이제한에 관한 설명으로 틀린 것은?

① 전용주거지역 안에서 건축하는 건축물의 높이는 일조 등의 확보를 위하여 높이 10미터 이하의 부분은 정북방향의 인접대지경계선으로부터 1.5미터 이상의 범위에서 조례로 정하는 거리 이상 띄어 건축하여야 한다.
② 공동주택의 일조 등의 확보를 위한 높이제한이 적용되는 지역은 중심상업지역과 근린상업지역을 제외한 모든 지역이다.
③ 2층 이하로서 높이가 8미터 이하인 건축물에는 지방자치단체의 조례로 정하는 바에 따라 일조 등의 확보를 위한 건축물의 높이 제한을 적용하지 아니할 수 있다.
④ 허가권자는 같은 가로구역에서 건축물의 용도 및 형태에 따라 건축물의 높이를 다르게 정할 수 있다.
⑤ 특별시장이나 광역시장은 도시의 관리를 위하여 필요하면 가로구역별 건축물의 높이를 특별시나 광역시의 조례로 정할 수 있다.

37. 건축법령상 특별건축구역에 건축하는 건축물에 대하여 적용하지 아니할 수 있는 사항을 모두 고른 것은?(단, 건축법령상 특례 및 조례는 고려하지 않음)

> ㄱ. 대지 안의 조경
> ㄴ. 건축물의 건폐율
> ㄷ. 건축물의 용적률
> ㄹ. 대지 안의 공지
> ㅁ. 「주차장법」에 따른 부설주차장의 설치
> ㅂ. 지하층의 설치

① ㄱ, ㄴ, ㄷ, ㄹ
② ㄱ, ㄴ, ㅁ, ㅂ
③ ㄱ, ㄷ, ㄹ, ㅁ
④ ㄴ, ㄹ, ㅁ, ㅂ
⑤ ㄱ, ㄴ, ㄷ, ㄹ, ㅁ, ㅂ

38. 건축법령상 이행강제금에 관한 설명으로 옳은 것은?

① 허가권자는 동일인이 최근 3년 내에 2회 이상 위반한 경우에는 부과금액의 100분의 50의 범위에서 가중하여야 한다.
② 연면적 60제곱미터 이하의 상업용 건축물의 경우에는 부과금액의 2분의 1의 범위에서 조례로 정하는 금액을 부과한다.
③ 건폐율을 초과하여 건축된 경우에는 그 건축물에 적용되는 1제곱미터의 시가표준액의 100분의 10에 해당하는 금액에 위반면적을 곱한 금액 이하의 범위에서 100분의 80을 곱한 금액의 이행강제금을 부과한다.
④ 허가권자는 최초의 시정명령이 있었던 날을 기준으로 하여 1년에 3회 이내의 범위에서 그 시정명령이 이행될 때까지 반복하여 이행강제금을 부과·징수할 수 있다.
⑤ 허가권자는 시정명령을 받은 자가 이를 이행하면 새로운 이행강제금의 부과를 즉시 중지하되, 이미 부과된 이행강제금은 징수하여야 한다.

39. 농지법령상 농업경영에 이용하지 아니하는 농지의 처분 사유에 해당하지 않는 것은?

① 주말·체험영농을 하려고 취득한 농지가 「자연공원법」에 따른 공원자연보존지구로 지정된 경우
② 농지전용허가를 받아 그 농지를 취득한 자가 공직취임으로 인하여 취득한 날부터 2년 이내에 그 목적사업에 착수하지 아니한 경우
③ 농지를 소유하고 있는 농업회사법인이 요건에 맞지 아니하게 된 후 3개월이 지난 경우
④ 학교가 실습지의 목적으로 농지를 취득한 후 그 농지를 해당 목적사업에 이용하지 아니하게 되었다고 시장·군수·구청장이 인정한 경우
⑤ 농지 소유상한을 초과하여 농지를 소유한 것이 판명된 경우

40. 농지법령상 농지취득자격증명을 발급받지 않고 취득할 수 있는 경우로 옳은 것은?

① 「초·중등교육법」 및 「고등교육법」에 의한 학교, 농림축산식품부령이 정하는 공공단체·농업연구기관·농업생산자단체가 시험·연구·실습지로 쓰기 위하여 농지를 취득하는 경우
② 농업인 주택의 부지로 전용하려고 농지전용신고를 한 자가 농지를 취득하는 경우
③ 주말·체험영농을 하려고 농업진흥지역 밖의 농지를 취득하는 경우
④ 농업법인의 합병으로 농지를 취득하는 경우
⑤ 농지전용허가를 받은 자가 농지를 취득하는 경우

2025년도 제36회 시험대비 THE LAST 모의고사
김희상 부동산공법

회차	문제수	시험과목
1회	40	부동산공법

수험번호		성명	

【정답 및 해설】

박문각은 여러분의 제36회 공인중개사 시험 합격을 진심으로 응원합니다!

부동산공법 중 부동산 중개에 관련되는 규정

1. ③	2. ⑤	3. ②	4. ④	5. ①	6. ③	7. ④	8. ⑤
9. ②	10. ⑤	11. ④	12. ③	13. ①	14. ⑤	15. ②	16. ②
17. ①	18. ③	19. ①	20. ③	21. ⑤	22. ④	23. ②	24. ⑤
25. ③	26. ④	27. ②	28. ①	29. ③	30. ①	31. ②	32. ④
33. ⑤	34. ④	35. ③	36. ①	37. ⑤	38. ②	39. ④	40. ①

〈문제분석 및 학습방향〉

■ 체감난이도 : 중

■ 문항분석

난이도 하 8문항	하나도 틀리지 말 것 11, 12, 16, 18, 19, 27, 28, 40
난이도 중 24문항	최소 반타작 1, 2, 3, 4, 6, 7, 8, 10, 13, 15, 17, 20, 22, 23, 25, 26, 29, 30, 32, 33, 35, 36, 37, 39
난이도 상 8문항	맨 나중에 풀 것 5, 9, 14, 21, 24, 31, 34, 38

Tip 시험장에서 적용해야 하는 문제풀이 skill
① 난이도 중과 하를 공략할 것
② 틀린 것은? 크게 엑스 표시할 것
③ 푼 문제는 답을 번호 옆에 꼭 적을 것
④ 풀면서 아는 지문은 ○ 또는 × 표기
⑤ 숫자가 정답인 문제는 모두 맞출 것

---

1. ③ 　　　　　　　　　　　　　　　　　　　　　난이도 中
③ 「환경영향평가법」에 따른 전략환경영향평가 대상인 도시·군관리계획을 입안하는 경우는 환경성 검토를 실시하지 아니할 수 있는 경우에 해당한다.

2. ⑤ 　　　　　　　　　　　　　　　　　　　　　난이도 中
① 시·도지사가 협의를 거쳐 요청하는 경우에는 국토교통부장관이 단독으로 광역도시계획을 수립할 수는 없다.
② 광역도시계획은 5년마다 타당성을 검토하는 규정이 없다.
③ 특별시장은 광역계획권을 지정할 수 없다.
④ 도지사가 시장·군수의 요청으로 관할 시장·군수와 공동으로 광역도시계획을 수립하는 경우에는 국토교통부장관의 승인을 받지 않고 광역도시계획을 수립할 수 있다.

3. ② 　　　　　　　　　　　　　　　　　　　　　난이도 中
② 이해관계자를 포함한 주민은 산업·유통개발진흥지구의 지정 및 변경에 관한 사항에 대하여 도시·군관리계획의 입안을 제안할 수 있다.

4. ④ 　　　　　　　　　　　　　　　　　　　　　난이도 中
④ 「산업입지 및 개발에 관한 법률」에 따른 일반산업단지로 지정·고시된 지역은 이 법에 따른 도시지역으로 결정·고시된 것으로 본다.

5. ① 　　　　　　　　　　　　　　　　　　　　　난이도 上
① 자연취락지구 안에서는 4층 이하의 노래연습장을 건축할 수 있다.

6. ③ 　　　　　　　　　　　　　　　　　　　　　난이도 中
① 도시·군계획시설사업의 시행자의 처분에 대하여는 「행정심판법」에 따라 행정심판을 제기할 수 있다. 이 경우 행정청이 아닌 시행자의 처분에 대하여는 그 시행자를 지정한 자에게 행정심판을 제기하여야 한다.
② 국토교통부장관은 국가계획과 관련되거나 특히 필요하다고 인정되는 때에는 관계 특별시장·광역시장·특별자치시장·특별자치도지사·시장 또는 군수의 의견을 들어 직접 도시·군계획시설사업을 시행할 수 있다.
④ 실시계획의 고시가 있은 때에는 「공익사업을 위한 토지 등의 취득 및 보상에 관한 법률」에 의한 사업인정 및 고시가 있었던 것으로 본다.
⑤ 시행자는 사업시행을 위하여 특히 필요하다고 인정되는 때에는 도시·군계획시설에 인접한 토지 등의 권리를 일시 사용할 수 있다.

7. ④ 　　　　　　　　　　　　　　　　　　　　　난이도 中
① 지목이 대(垈)가 아닌 경우에는 매수청구를 할 수 없다.
② 도시·군계획시설부지의 매수의무자는 매수결정을 알린 날부터 2년 이내에 매수하여야 한다.
③ 도시·군계획시설부지의 매수의무자가 채권으로 매수대금을 지급하는 경우에는 그 상환기간은 10년 이내로 한다.
⑤ 도시·군계획시설의 결정고시부터 20년이 지날 때까지 그 사업이 시행되지 아니한 경우 그 고시일부터 20년이 되는 날의 다음 날에 도시·군계획시설결정의 효력을 잃는다.

8. ⑤ 　　　　　　　　　　　　　　　　　　　　　난이도 中
① 시장·군수는 「도시개발법」에 따라 지정된 도시개발구역의 전부에 대하여 지구단위계획구역을 지정할 수 있다.
② 용도지구로 지정된 지역에 대하여는 지구단위계획구역으로 지정할 수 있다.
③ 지구단위계획구역은 도시·군관리계획으로 결정한다.
④ 생산관리지역에 위치한 산업·유통개발진흥지구는 지구단위계획구역으로 지정할 수 있는 대상지역에 포함된다.

9. ② 　　　　　　　　　　　　　　　　　　　　　난이도 上
① 도시·군계획사업으로 공유수면을 매립하는 경우에는 개발행위허가를 받지 않아도 된다.
③ 개발밀도관리구역 안에서는 기반시설의 설치나 그에 필요한 용지의 확보에 관한 계획서를 제출하지 아니한다.
④ 공업지역·관리지역·농림지역 안에서 개발행위허가를 받아 할 수 있는 토지형질변경 면적은 3만㎡ 미만이다.
⑤ 특별시장이 성장관리계획을 수립하려는 경우에는 공청회가 아니라 공람(14일 이상)을 거쳐야 한다.

10. ⑤ 　　　　　　　　　　　　　　　　　　　　난이도 中
① 전년도 개발행위허가 건수가 전전년도 개발행위허가 건수보다 20% 이상 증가한 지역은 개발밀도관리구역이 아니라 기반시설부담구역으로 지정하여야 한다.
② 개발밀도관리구역을 지정 또는 변경하려면 지방자치단체에 설치된 지방도시계획위원회의 심의를 거쳐 이를 고시하여야 한다. 주민의 의견을 들어야 하는 것은 아니다.
③ 개발밀도관리구역은 향후 2년 이내에 해당 지역의 학생 수가 학교수용능력을 20% 이상 초과할 것으로 예상되는 지역에 지정할 수 있다.

④ 개발밀도관리구역에서는 해당 용도지역에 적용되는 용적률의 최대 한도의 50%의 범위 안에서 강화하여 적용한다.

11. ④   난이도 下

ㄱ. 제3종 일반주거지역 : 300% 이하
ㄴ. 근린상업지역 : 900% 이하
ㄷ. 일반상업지역 : 1,300% 이하
ㄹ. 일반공업지역 : 350% 이하

12. ③   난이도 下

① 공업지역 중 주변지역과 연계하여 체계적인 관리가 필요한 지역은 성장관리계획구역으로 지정할 수 없다.
② 성장관리계획구역 내 보전녹지지역에서는 성장관리계획으로 정하는 바에 따라 30퍼센트 이하로 건폐율을 완화하여 적용할 수 없다.
④ 성장관리계획구역 내 계획관리지역에서는 성장관리계획으로 정하는 바에 따라 125퍼센트 이하로 용적률을 완화하여 적용할 수 있다.
⑤ 군수는 성장관리계획구역의 지정 또는 변경에 관한 공고를 한 때에는 성장관리계획구역안을 14일 이상 일반이 열람할 수 있도록 해야 한다.

13. ①   난이도 中

① 지방자치단체는 도시개발구역의 지정을 제안할 수 없다.

14. ⑤   난이도 上

① 조합을 설립하려면 도시개발구역 안의 토지소유자 7명 이상이 정관을 작성하여 지정권자에게 조합설립인가를 받아야 한다.
② 도시개발구역 안의 국공유지를 포함한 토지면적의 3분의 2 이상에 해당하는 토지소유자와 토지소유자 총수의 2분의 1 이상의 동의를 받아야 한다.
③ 1필지의 토지소유권을 여럿이 공유하는 경우에는 다른 공유자의 동의를 받은 대표 공유자 1인을 해당 토지소유자로 본다.
④ 조합원은 도시개발구역의 토지소유자로 하며, 조합의 임원은 정관으로 정하는 바에 따라 총회에서 선임한다.

15. ②   난이도 中

② 지정권자가 실시계획을 작성하거나 인가하는 경우 국토교통부장관이 지정권자이면 시·도지사 또는 대도시 시장의 의견을, 시·도지사가 지정권자이면 시장(대도시 시장은 제외)·군수 또는 구청장의 의견을 미리 들어야 한다.

16. ②   난이도 下

• 시행자는 토지소유자가 원하면 토지 등의 매수대금의 일부를 지급하기 위하여 분양토지 또는 분양건축물 면적의 (ㄱ : 2분의 1)을 초과하지 아니하는 범위에서 사업시행으로 조성된 토지·건축물로 상환하는 채권을 발행할 수 있다.
• 시행자는 지정권자의 승인을 받은 국가 또는 지방자치단체 등에 해당하는 자에게 원형지를 공급하여 개발하게 할 수 있다. 이 경우 공급될 수 있는 원형지의 면적은 도시개발구역 전체 토지면적의 (ㄴ : 3분의 1) 이내로 한다.

17. ①   난이도 中

② 환지 예정지가 지정된 경우 환지처분의 공고가 있는 날까지 환지 예정지에 대하여 이를 사용하거나 수익할 수 있고, 종전의 토지는 사용하거나 수익할 수 없다.
③ 시행자는 체비지의 용도로 환지 예정지가 지정된 때에는 사업에 드는 비용을 충당하기 위하여 이를 사용 또는 수익하거나 처분할 수 있다.
④ 시행자는 도시개발사업의 시행을 위하여 필요한 때에는 도시개발구역 안의 토지에 대하여 환지 예정지를 지정할 수 있다.
⑤ 환지 예정지의 지정으로 이를 사용·수익할 수 있는 자가 없게 된 토지는 환지처분의 공고가 있는 날까지 시행자가 관리한다.

18. ③   난이도 下

③ 도시개발채권의 상환은 5년부터 10년까지의 범위에서 지방자치단체의 조례로 정한다.

19. ①   난이도 下

공동이용시설이란 주민이 공동으로 사용하는 놀이터·마을회관·공동작업장, 탁아소·어린이집·경로당 등 노유자시설을 말한다. 공공공지는 정비기반시설에 해당한다.

20. ③   난이도 中

시공자의 선정은 조합설립추진위원회의 업무에 해당하지 않는다.

▮ 조합설립추진위원회의 업무

> 1. 설계자의 선정 및 변경
> 2. 개략적인 정비사업 시행계획서의 작성(①)
> 3. 조합설립인가를 받기 위한 준비업무
> 4. 추진위원회 운영규정의 작성
> 5. 토지등소유자의 동의서의 접수(②)
> 6. 조합의 설립을 위한 창립총회의 개최(④)
> 7. 조합 정관의 초안 작성(⑤)
> 8. 정비사업전문관리업자의 선정 및 변경

21. ⑤   난이도 上

조합원의 자격(①), 시공자·설계자의 선정 및 계약서에 포함될 사항(②), 정비구역의 위치 및 면적(③), 정비사업비의 부담시기 및 절차(④)는 조합원 3분의 2 이상의 찬성으로 하고, 조합임원의 수 및 업무의 범위(⑤)는 조합원 과반수의 찬성으로 한다.

22. ④   난이도 中

ㄱ. 사업시행자는 '정비구역에서 정비기반시설 및 공동이용시설을 새로 설치하거나 확대하고 토지등소유자가 스스로 주택을 보전·정비하거나 개량하는 방법' 및 '환지로 공급하는 방법'을 혼용할 수 있다.
ㄴ, ㄷ은 옳은 내용이다.

23. ②   난이도 中

② 시장·군수등은 해당 정비구역의 토지면적 2분의 1 이상의 토지소유자와 토지등소유자의 3분의 2 이상에 해당하는 자가 시장·군수등 또는 토지주택공사등을 사업시행자로 지정할 것을 요청하는 때에 재개발사업을 직접 시행할 수 있다.

24. ⑤ 난이도 上

⑤ 국토교통부장관, 시·도지사, 시장·군수·구청장 또는 토지주택공사등은 조합이 요청하는 경우 재개발사업의 시행으로 건설된 임대주택을 인수하여야 한다.

25. ③ 난이도 中

③ 「도시 및 주거환경정비법」에 따른 주거환경개선사업에서 건설·공급하는 주택은 분양가상한제의 적용을 받지 않는다.

26. ④ 난이도 中

④ 복리시설이란 주택단지의 입주자 등의 생활복리를 위한 경로당(ㄱ), 어린이놀이터(ㅂ), 유치원(ㅅ), 주민공동시설(ㅇ) 등을 말한다.

27. ② 난이도 下

② 증축을 위한 리모델링은 「주택법」에 의한 사용검사일 또는 「건축법」에 따른 사용승인일부터 15년이 지나야 한다.

28. ① 난이도 下

• 한국토지주택공사인 사업주체가 서울특별시 A구에서 대지면적 5만㎡에 600세대 아파트 건설사업을 시행하려는 경우(ㄱ : 국토교통부장관)으로부터 사업계획승인을 받아야 한다.
• B광역시 C구에서 지역균형개발이 필요하여 국토교통부장관이 지정·고시하는 지역 안에 50호의 한옥건설사업을 시행하는 경우(ㄴ : 국토교통부장관)으로부터 사업계획승인을 받아야 한다.

29. ③ 난이도 中

③ 조합원의 탈퇴 등으로 조합원 수가 주택건설 예정 세대수의 50%가 되는 경우에는 충원할 수 없다. 조합원의 탈퇴 등으로 조합원 수가 주택건설 예정 세대수의 50% 미만이 되는 경우에 충원할 수 있기 때문이다.

30. ① 난이도 中

① 지방공사인 시행자가 발행한 토지상환채권은 주택법령상 공급질서의 교란금지를 위해 양도가 금지되는 증서에 해당하지 않는다.

31. ② 난이도 上

조정대상지역 지정 직전월부터 소급하여 3개월간의 해당 지역 주택가격상승률이 해당 지역이 포함된 시·도 소비자물가상승률의 (ㄱ : 1.3)배를 초과한 지역으로서 다음의 어느 하나에 해당하는 지역을 말한다.

• 조정대상지역 지정 직전월부터 소급하여 주택공급이 있었던 (ㄴ : 2)개월 동안 해당 지역에서 공급되는 주택의 월평균 청약경쟁률이 모두 5대 1을 초과하였거나 국민주택규모 주택의 월평균 청약경쟁률이 모두 (ㄷ : 10)대 1을 초과한 지역
• 조정대상지역 지정 직전월부터 소급하여 3개월간의 분양권(주택의 입주자로 선정된 지위를 말한다) 전매거래량이 전년 동기 대비 (ㄹ : 30)% 이상 증가한 지역
• 해당 지역이 속하는 시·도의 주택보급률 또는 자가주택비율이 전국 평균 (ㅁ : 이하)인 지역

32. ④ 난이도 中

① '주요구조부'란 내력벽, 기둥, 바닥, 보, 지붕틀 및 주계단을 말한다. 다만, 사이 기둥, 최하층 바닥, 작은 보, 차양, 옥외 계단, 그 밖에 이와 유사한 것으로 건축물의 구조상 중요하지 아니한 부분은 제외한다.
② 기존 건축물이 있는 대지에서 건축물의 내력벽을 증설하여 연면적을 늘리는 것은 증축에 해당한다.
③ 바닥면적의 합계가 6,000㎡이고 층수가 15층인 의료시설 중 종합병원은 다중이용 건축물에 해당한다.
⑤ 기둥과 기둥 사이의 거리(기둥의 중심선 사이의 거리를 말한다)가 20m 이상인 건축물이 특수구조건축물에 해당한다.

33. ⑤ 난이도 中

ㄱ. 건축물의 주계단·피난계단·특별피난계단을 증설하는 행위는 대수선에 해당한다.
ㄴ. 내력벽의 벽면적을 30㎡ 이상 변경하는 행위는 대수선에 해당한다.
ㄷ, ㄹ은 옳은 내용이다.

34. ④ 난이도 上

① 甲은 발전시설을 공장으로 용도변경하는 경우에는 B구청장에게 허가를 받아야 한다.
② 甲은 노유자시설로 사용하던 건축물을 야영장시설로 변경하려는 경우 다른 용도를 추가하여 복수용도로 용도변경을 신청할 수 있다.
③ 甲은 숙박시설(영업시설군)을 종교시설(문화집회시설군)로의 용도변경은 B구청장의 허가를 받아야 한다.
⑤ 甲은 업무시설(주거업무시설군)을 교육연구시설(교육 및 복지시설군)로의 용도변경은 B구청장의 허가를 받아야 한다.

35. ③ 난이도 中

③ 고속도로 통행료 징수시설은 건축법 적용대상에서 제외되기 때문에 건축허가와 관련된 규정이 적용되지 않는다.

36. ① 난이도 中

① 연면적 합계가 2,000㎡(공장의 경우에는 3,000㎡) 이상인 건축물의 대지는 너비 6m 이상의 도로에 4m 이상 접하여야 한다. 다만, 축사, 작물재배사는 제외한다.

37. ⑤ 난이도 中

안전영향평가를 받아야 하는 건축물은 다음과 같다.

1. 초고층 건축물
2. 연면적이 10만㎡ 이상이고 16층 이상인 건축물

따라서 층수가 15층이고 높이가 150m인 연면적 10만㎡의 건축물은 안전영향평가 대상이 아니다.

38. ②   난이도 上

① 일반공업지역에 있는 한방병원은 공개공지 또는 공개공간을 설치하여야 하는 대상이 아니다.
② 일반주거지역에 있는 성당은 공개공지 또는 공개공간을 설치하여야 하는 대상이다. 일반주거지역 + 성당(종교시설)이기 때문에 공개공지 또는 공개공간을 설치하여야 하는 대상에 해당한다.
③ 일반상업지역에 있는 어린이회관은 공개공지 또는 공개공간을 설치하여야 하는 대상이 아니다.
④ 자연녹지지역에 있는 「청소년활동진흥법」에 따른 유스호스텔은 공개공지 또는 공개공간을 설치하여야 하는 대상이 아니다.
⑤ 준공업지역에 있는 휴게음식점은 공개공지 또는 공개공간을 설치하여야 하는 대상이 아니다.

39. ④   난이도 中

▌농업인

> 1. 1,000m² 이상의 농지에서 농작물 또는 다년생식물을 경작 또는 재배하거나 1년 중 90일 이상 농업에 종사하는 자
> 2. 농지에 330m² 이상의 고정식 온실·버섯재배사·비닐하우스, 그 밖의 농림축산식품부령으로 정하는 농업생산에 필요한 시설을 설치하여 농작물 또는 다년생식물을 경작 또는 재배하는 자
> 3. 대가축 2두, 중가축 10두, 소가축 100두, 가금 1천수 또는 꿀벌 10군 이상을 사육하거나 1년 중 120일 이상 축산업에 종사하는 자
> 4. 농업경영을 통한 농산물의 연간 판매액이 120만원 이상인 자

① 가금 500수를 사육하면서 1년 중 100일을 축산업에 종사하는 자는 농업인에 해당하지 않는다.
② 꿀벌 8군을 사육하는 자는 농업인에 해당하지 않는다.
③ 농지에 300m²의 고정식 온실을 설치하여 농작물 또는 다년생식물을 경작 또는 재배하는 자는 농업인에 해당하지 않는다.
④ 2,000m²의 농지에서 1년 중 70일을 농업에 종사하는 자는 농업인에 해당한다.
⑤ 농업경영을 통한 농산물의 연간 판매액이 100만원인 자는 농업인에 해당하지 않는다.

40. ①   난이도 下

① 분만 후 6개월 미만인 경우로서 자경할 수 없는 경우에 농지소유자가 소유 농지를 위탁경영할 수 있다.

수고하셨습니다.
당신의 합격을 응원합니다.

www.pmg.co.kr

박문각 공인중개사

2025년도 제36회 시험대비 THE LAST 모의고사
김희상 부동산공법

회차	문제수	시험과목
2회	40	부동산공법

수험번호		성명	

【정답 및 해설】

박문각은 여러분의 제36회 공인중개사 시험 합격을 진심으로 응원합니다!

부동산공법 중 부동산 중개에 관련되는 규정

1. ⑤	2. ④	3. ②	4. ④	5. ③	6. ①	7. ①	8. ③
9. ⑤	10. ④	11. ⑤	12. ②	13. ④	14. ④	15. ②	16. ③
17. ③	18. ①	19. ①	20. ②	21. ③	22. ⑤	23. ①	24. ④
25. ③	26. ②	27. ①	28. ⑤	29. ④	30. ①	31. ②	32. ④
33. ②	34. ②	35. ⑤	36. ①	37. ④	38. ②	39. ⑤	40. ②

〈문제분석 및 학습방향〉

■ 체감난이도 : 중상

■ 문항분석

난이도 하 11문항	하나도 틀리지 말 것
	2, 9, 10, 13, 19, 25, 29, 33, 37, 38, 40
난이도 중 18문항	최소 반타작
	1, 3, 4, 5, 6, 11, 12, 14, 15, 16, 21, 24, 28, 30, 31, 32, 35, 39
난이도 상 11문항	맨 나중에 풀 것
	7, 8, 17, 18, 20, 22, 23, 26, 27, 34, 36

Tip 시험장에서 적용해야 하는 문제풀이 skill
① 난이도 중과 하를 공략할 것
② 틀린 것은? 크게 엑스 표시할 것
③ 푼 문제는 답을 번호 옆에 꼭 적을 것
④ 풀면서 아는 지문은 ○ 또는 × 표기
⑤ 숫자가 정답인 문제는 모두 맞출 것

---

1. ⑤ 　　　　　　　　　　　　　　　　　　　　　　　　난이도 中

① 광역도시계획은 광역계획권의 장기발전방향을 제시하는 계획을 말한다.
② 국토교통부장관은 단독으로 조정신청을 받은 경우에는 기한을 정하여 당사자 간에 다시 협의를 하도록 권고할 수 있다.
③ 시장 또는 군수는 광역도시계획을 변경하려면 도지사의 승인을 받아야 한다.
④ 광역계획권이 같은 도의 관할 구역에 속한 경우에는 시장·군수가 공동으로 광역도시계획을 수립하여야 한다.

2. ④ 　　　　　　　　　　　　　　　　　　　　　　　　난이도 下

ㄱ. 제1종 전용주거지역 : 50%
ㄴ. 제2종 일반주거지역 : 60%
ㄷ. 일반공업지역 : 70%
ㄹ. 계획관리지역 : 40%
따라서 건폐율의 최대한도가 큰 용도지역부터 나열하면 ㄷ-ㄴ-ㄱ-ㄹ이 된다.

3. ② 　　　　　　　　　　　　　　　　　　　　　　　　난이도 中

① 도시·군기본계획을 수립할 때 기초조사의 내용에 국토교통부장관이 정하는 바에 따라 실시하는 토지적성평가와 재해취약성분석을 포함하여야 한다. 환경성 검토는 포함되지 않는다.
③ 도시·군기본계획의 수립기준은 대통령령으로 정하는 바에 따라 국토교통부장관이 정한다.
④ 광역시장이 수립한 도시·군기본계획은 국토교통부장관의 승인을 받지 않는다.
⑤ 시장 또는 군수는 5년마다 관할 구역의 도시·군기본계획에 대하여 그 타당성 여부를 전반적으로 재검토하여야 한다.

4. ④ 　　　　　　　　　　　　　　　　　　　　　　　　난이도 中

① 주민은 광장의 설치에 관한 사항에 대하여 도시·군관리계획의 입안권자에게 그 계획의 입안을 제안할 수 있다.
② 도시·군계획시설입체복합구역의 지정에 관한 사항에 관한 도시·군관리계획의 입안을 제안하려는 자는 국공유지를 제외한 대상 토지면적의 5분의 4 이상의 토지소유자의 동의를 받아야 한다.
③ 지구단위계획구역의 지정에 관한 도시·군관리계획의 입안을 제안하려는 자는 국공유지를 제외한 대상 토지면적의 3분의 2 이상의 토지소유자의 동의를 받아야 한다.
⑤ 도시·군관리계획의 입안을 제안받은 자는 제안자와 협의하여 제안된 도시·군관리계획의 입안 및 결정에 필요한 비용의 전부를 제안자에게 부담시킬 수 있다.

5. ③ 　　　　　　　　　　　　　　　　　　　　　　　　난이도 中

③ 「항만법」에 따른 항만구역으로서 도시지역에 연접한 공유수면은 국토의 계획 및 이용에 관한 법령상 도시지역으로 결정·고시된 것으로 본다.

6. ① 　　　　　　　　　　　　　　　　　　　　　　　　난이도 中

① 자연방재지구는 토지의 이용도가 낮은 해안변, 하천변, 급경사지 주변 등의 지역으로서 건축제한 등을 통하여 재해 예방이 필요한 용도지구이다. 건축물·인구가 밀집되어 있는 지역으로서 시설 개선 등을 통하여 재해 예방이 필요한 지구는 시가지방재지구이다.

7. ① 　　　　　　　　　　　　　　　　　　　　　　　　난이도 上

도시혁신구역에 대하여는 다음의 법률 규정에도 불구하고 도시혁신계획으로 따로 정할 수 있다.

> 1. 「주택법」에 따른 주택의 배치, 부대시설·복리시설의 설치기준 및 대지조성기준
> 2. 「주차장법」에 따른 부설주차장의 설치(ㄱ)
> 3. 「문화예술진흥법」에 따른 건축물에 대한 미술작품의 설치
> 4. 「건축법」에 따른 공개공지 등의 확보
> 5. 「도시공원 및 녹지 등에 관한 법률」에 따른 도시공원 또는 녹지 확보기준
> 6. 「학교용지 확보 등에 관한 특례법」에 따른 학교용지의 조성·개발 기준(ㄷ)

8. ③ 　　　　　　　　　　　　　　　　　　　　　　　　난이도 上

③ 도시지역 내에 지정하는 지구단위계획구역의 지정목적이 한옥마을을 보존하고자 하는 경우에는 지구단위계획으로 「주차장법」에 의한 주차장 설치기준을 100%까지 완화하여 적용할 수 있다.

9. ⑤ 　　　　　　　　　　　　　　　　　　　　　　　　난이도 下

⑤ 도축장은 보건위생시설에 해당한다.

10. ④ 　　　　　　　　　　　　　　　　　　　　　　　난이도 下

① 도시·군계획에 관한 기초조사를 위해 타인의 토지에 출입하는 행위로 인하여 손실을 입은 자가 있으면, 그 행위자가 속한 행정청이 그 손실을 보상하여야 한다.

② 도시·군계획시설사업의 시행자는 타인의 토지를 임시통로로 일시 사용하려는 경우 토지의 소유자·점유자 또는 관리인의 동의를 받아야 한다.
③ 도시·군계획시설사업에 관한 조사를 위하여 타인의 토지에 출입하려는 자는 토지의 소유자·점유자 또는 관리인의 동의를 받지 않아도 된다.
⑤ 일출 전이나 일몰 후에는 그 토지 점유자의 승낙을 받아 택지나 담장 또는 울타리로 둘러싸인 토지에 출입할 수 있다.

11. ⑤   난이도 中

「도시개발법」에 따른 도시개발사업에 의한 건축물의 건축(①), 경작을 위한 토지의 형질변경(②), 「도시 및 주거환경정비법」에 따른 정비사업에 의한 토석의 채취(③), 재해복구 또는 재난수습을 위한 응급조치(④)는 개발행위허가를 받지 않아도 된다. 녹지지역·관리지역·자연환경보전지역 안에서 건축물의 울타리 안에 위치하지 아니한 토지에 물건을 1개월 이상 쌓아놓는 행위는 개발행위허가를 받아야 한다.

12. ②   난이도 中

① 기반시설부담구역은 개발밀도관리구역과 중복하여 지정될 수 없다.
③ 기반시설설치비용은 현금, 신용카드 또는 직불카드로 납부하도록 하되, 부과대상 토지 및 이와 비슷한 토지로 하는 납부를 인정할 수 있다.
④ 기반시설부담구역의 지정고시일부터 1년이 되는 날까지 기반시설설치계획을 수립하지 아니하면 그 1년이 되는 날의 다음 날에 구역의 지정은 해제된 것으로 본다.
⑤ 「고등교육법」에 따른 대학은 기반시설부담구역에 설치가 필요한 기반시설에 해당하지 않는다.

13. ③   난이도 下

③ 정부출연기관의 장이 30만㎡ 이상으로서 국가계획과 밀접한 관련이 있는 도시개발구역의 지정을 제안하는 경우에 국토교통부장관이 도시개발구역을 지정할 수 있다.

14. ④   난이도 中

④ 개발계획의 내용 중 보건의료시설 및 복지시설의 설치계획은 도시개발구역을 지정한 후에 개발계획에 포함시킬 수 있는 내용에는 포함되지 않는다.

■ 도시개발구역 지정 후에 개발계획에 포함시킬 수 있는 경우

1. 도시개발구역 밖의 지역에 기반시설을 설치하여야 하는 경우에는 그 시설의 설치에 필요한 비용의 부담계획
2. 수용(收用) 또는 사용의 대상이 되는 토지·건축물 또는 토지에 정착한 물건과 이에 관한 소유권 외의 권리, 광업권, 어업권, 양식업권, 물의 사용에 관한 권리가 있는 경우에는 그 세부목록
3. 임대주택(「민간임대주택에 관한 특별법」에 따른 민간임대주택 및 「공공주택 특별법」에 따른 공공임대주택을 말한다)건설계획 등 세입자 등의 주거 및 생활안정대책
4. 순환개발 등 단계적 사업추진이 필요한 경우 사업추진계획 등에 관한 사항

15. ②   난이도 中

① 도시개발조합은 도시개발구역의 토지소유자 7명 이상이 정관을 작성하여 지정권자에게 조합설립의 인가를 받아야 한다.
③ 의결권을 가진 조합원의 수가 50인 이상인 조합은 총회의 권한을 대행하게 하기 위하여 대의원회를 둘 수 있다.
④ 조합의 임원은 그 조합의 다른 임원이나 직원을 겸할 수 없다.
⑤ 도시개발조합의 조합원은 도시개발구역 안의 토지소유자로 한다.

16. ⑤   난이도 中

① 토지상환채권의 발행규모는 그 토지상환채권으로 상환할 토지 및 건축물이 해당 도시개발사업으로 조성되는 분양토지 또는 분양건축물 면적의 2분의 1을 넘지 않아야 한다.
② 지방공사인 시행자는 사업대상 토지면적의 3분의 2 이상에 해당하는 토지를 소유하고 토지소유자 총수의 2분의 1 이상의 동의를 받지 않아도 사업에 필요한 토지 등을 수용 또는 사용할 수 있다.
③ 시행자는 조성토지를 공급받는 자로부터 해당 대금의 전부 또는 일부를 미리 받을 수 있다.
④ 원형지를 학교부지로 직접 사용하는 자를 원형지개발자로 선정하는 경우에는 경쟁입찰의 방식으로 하며, 경쟁입찰이 2회 이상 유찰된 경우에는 수의계약의 방법으로 할 수 있다.

17. ③   난이도 上

① 시행자는 환지방식이 적용되는 도시개발구역에 있는 조성토지 등의 가격을 평가할 때에는 토지평가협의회의 심의를 거쳐 결정하되, 그에 앞서 감정평가법인등이 평가하게 하여야 한다.
② 시행자는 규약·정관·시행규정 또는 실시계획으로 정하는 목적을 위하여 일정한 토지를 환지로 정하지 아니하고 보류지로 정할 수 있다.
④ 환지계획에서 환지를 정하지 아니한 종전의 토지에 있던 권리는 환지처분이 공고된 날이 끝나는 때에 소멸한다.
⑤ 행정청이 아닌 시행자가 인가받은 환지계획의 내용 중 종전 토지의 합필 또는 분필로 환지명세가 변경되는 경우에는 변경인가를 받지 않아도 된다.

18. ①   난이도 上

① 환지를 정한 경우 그 과부족분에 대한 청산금은 환지처분을 하는 때에 결정하여야 하며, 환지처분이 공고된 날의 다음 날에 확정된다.

19. ①   난이도 下

① 단독주택 및 다세대주택 등이 밀집한 지역에서 정비기반시설과 공동이용시설의 확충을 통하여 주거환경을 보전·정비·개량하기 위하여 시행하는 사업은 주거환경개선사업이다.

20. ②   난이도 上

② 도시 및 주거환경 개선을 위한 재정지원계획은 도시 및 주거환경정비 기본방침에 포함되어야 하는 사항이다.

21. ③ 난이도 中

정비구역에서 건축물의 건축(가설건축물을 포함)(ㄱ) 또는 용도변경(ㅁ), 공작물의 설치, 토지의 형질변경, 토석의 채취, 토지 분할, 이동이 용이하지 아니한 물건을 1개월 이상 쌓아놓는 행위, 죽목의 벌채 및 식재(ㄹ)는 시장·군수등의 허가를 받아야 하는 행위이다. 따라서 건축물의 대수선(ㄴ)과 이동이 쉽지 아니한 물건을 20일간 쌓아놓는 행위(ㄷ)는 허가를 받지 않아도 되는 행위이다.

22. ⑤ 난이도 上

⑤ 조합원의 수가 100명 이하인 조합은 조합설립인가를 받은 후 조합총회에서 정관으로 정하는 바에 따라 시공자를 선정할 수 있다.

23. ① 난이도 上

ㄱ. 착오·오기 또는 누락임이 명백한 사항은 신고하고 변경할 수 있다.
ㄴ. 건축물의 매매로 조합원의 권리가 이전된 경우의 조합원의 교체는 신고하고 변경할 수 있다.
ㄷ. 정비구역의 면적이 15퍼센트 변경에 따라 변경되어야 하는 사항은 인가를 받아야 한다. 정비구역의 면적이 10퍼센트 미만 변경에 따라 변경되어야 하는 사항이 신고하고 변경할 수 있다.
ㄹ. 조합장의 성명 및 주소(조합장의 변경이 있는 경우로 한정한다)는 인가를 받아야 한다. 조합장의 변경이 없는 경우에만 신고하고 변경할 수 있다.

24. ④ 난이도 中

① 분양신청기간의 연장은 20일의 범위에서 연장할 수 있다.
② 분양설계에 관한 계획은 분양신청기간이 만료되는 날을 기준으로 하여 수립한다.
③ 2명 이상이 1주택을 공유한 경우에는 1주택만 공급한다.
⑤ 지분형 주택의 규모는 주거전용면적 60㎡ 이하인 경우로 한정한다.

25. ③ 난이도 下

① 국민주택이란 다음의 어느 하나에 해당하는 주택으로서 주거전용면적이 1호(戶) 또는 1세대당 85㎡ 이하인 주택(「수도권정비계획법」 제2조 제1호에 따른 수도권을 제외한 도시지역이 아닌 읍 또는 면 지역은 1호 또는 1세대당 주거전용면적이 100㎡ 이하인 주택)을 말한다.

1. 국가·지방자치단체, 「한국토지주택공사법」에 따른 한국토지주택공사 또는 「지방공기업법」에 따라 주택사업을 목적으로 설립된 지방공사가 건설하는 주택
2. 국가·지방자치단체의 재정 또는 「주택도시기금법」에 따른 주택도시기금으로부터 자금을 지원받아 건설되거나 개량되는 주택

② 폭 15m의 일반도로로 분리된 토지는 하나의 주택단지로 본다.
④ 「산업입지 및 개발에 관한 법률」에 따른 산업단지개발사업으로 개발·조성된 공동주택이 건설되는 용지는 공공택지에 해당한다.
⑤ 공구란 하나의 주택단지에서 둘 이상으로 구분되는 일단의 구역으로서 공구별 세대수는 300세대 이상으로 하여야 한다.

26. ② 난이도 上

ㄱ. 주택단지 공동주택 전체 세대수의 3분의 1을 넘지 아니하여야 한다.
ㄴ. 옳은 내용이다.
ㄷ. 세대구분형 공동주택은 주택 내부 공간의 일부를 세대별로 구분하여 생활이 가능한 구조로 하되, 그 구분된 공간의 일부를 구분소유할 수 없는 주택이다.
ㄹ. 옳은 내용이다.
ㅁ. 세대구분형 공동주택의 건설과 관련하여 주택건설기준 등을 적용하는 경우 세대구분형 공동주택의 세대수는 세대에 관계없이 하나의 세대로 산정한다.

27. ① 난이도 上

① 주택건설사업의 등록을 하려는 자가 개인인 경우에는 자산평가액이 6억원 이상이어야 한다.

28. ⑤ 난이도 中

① 국민주택을 공급받기 위하여 설립하는 직장주택조합의 조합원은 무주택자에 한한다.
② 주택조합은 등록사업자가 소유하는 공공택지를 주택건설용지로 사용하여서는 아니 된다. 다만, 경매 또는 공매로 취득한 공공택지는 예외로 한다.
③ 지역주택조합의 경우에는 그 설립인가를 받은 날부터 2년 이내에 사업계획승인을 신청하여야 한다.
④ 리모델링주택조합의 경우에는 해당 주택건설대지의 80% 이상에 해당하는 토지의 사용권원을 확보하지 않아도 된다.

29. ④ 난이도 下

① 사업계획승인권자는 사업계획승인신청을 받았을 때에는 정당한 사유가 없으면 신청받은 날부터 60일 이내에 사업주체에게 승인 여부를 통보하여야 한다.
② 광역시에서 330만㎡ 이상의 규모로 「도시개발법」에 의한 도시개발사업을 추진하는 지역 중 국토교통부장관이 지정·고시하는 지역 안에서 주택건설사업을 하는 등록사업자는 국토교통부장관에게 사업계획승인을 받아야 한다.
③ 주택건설사업을 시행하려는 자는 전체 세대수가 600세대 이상의 주택단지를 공구별로 분할하여 주택을 건설·공급할 수 있다.
⑤ 한국토지주택공사는 주택건설대지의 소유권을 확보하지 않아도 사업계획승인을 받을 수 있다.

30. ① 난이도 中

② 시장·군수·구청장은 사업계획승인신청이 있는 날부터 20일 이내에 분양가심사위원회를 설치·운영하여야 한다.
③ 「관광진흥법」에 따라 지정된 관광특구에서 건설·공급하는 50층 이상이거나 높이가 150미터 이상인 공동주택은 분양가상한제의 적용을 받지 않는다.
④ 사업주체는 분양가상한제 적용주택으로서 공공택지에서 공급하는 주택에 대하여 입주자 모집승인을 받았을 때에는 입주자 모집공고에 분양가격을 공시하여야 한다.
⑤ 사업주체가 공공택지 외의 택지로서 「공공주택특별법」에 따른 도심 공공주택 복합사업에서 건설·공급하는 공동주택은 분양가상한제의 적용을 받지 않는다.

31. ③ 난이도 中
③ 주택상환사채의 납입금은 주택조합의 운영비에의 충당에 사용할 수 없다.

32. ④ 난이도 中
① 「군사기지 및 군사시설 보호법」에 따른 군사기지 및 군사시설보호 구역은 특례 적용이 필요하다고 인정하는 경우에는 특별건축구역으로 지정될 수 있다.
② 「도로법」에 따른 접도구역은 특별건축구역으로 지정될 수 없다.
③ 대지와 도로와의 관계에 관한 규정은 특별건축구역에서 적용하지 아니할 수 있는 규정에 해당하지 않는다.
⑤ 특별건축구역에서 도시공원 및 녹지 등에 관한 법률에 따른 공원의 설치에 관한 규정은 개별 건축물마다 적용하지 아니하고 특별건축구역의 전부 또는 일부를 대상으로 통합하여 적용할 수 있다.

33. ② 난이도 下
② 교육연구시설 중 도서관은 건축법령상 소음방지를 위한 일정한 기준에 따라 층간바닥(화장실의 바닥은 제외)을 설치해야 하는 건축물에 해당하지 않는다.

34. ② 난이도 上
② 연면적이 170제곱미터이고 3층인 건축물의 방화벽의 변경은 건축허가의 대상이다.

35. ⑤ 난이도 中
⑤ 「장애인·노인·임산부 등의 편의증진 보장에 관한 법률 시행령」에 따른 장애인용 승강기, 장애인용 에스컬레이터, 휠체어리프트, 경사로는 바닥면적에 산입하지 아니한다.

36. ① 난이도 上
건축협정구역에서 건축하는 건축물에 대하여 대지의 조경, 건폐율, 용적률(ㄱ), 대지 안의 공지, 건축물의 높이제한(ㄷ), 일조 등의 확보를 위한 건축물의 높이제한에 관한 규정을 완화하여 적용할 수 있다.

37. ④ 난이도 下
① 옹벽 또는 담장으로서 높이가 2m를 넘는 것은 신고대상에 해당한다.
② 기념탑은 높이가 4m를 넘는 것은 신고대상에 해당한다.
③ 고가수조로서 높이가 8m를 넘는 것은 신고대상에 해당한다.
⑤ 바닥면적이 30m²를 넘는 지하대피호는 신고대상에 해당한다.

38. ③ 난이도 下
ㄱ. 「문화유산의 보존 및 활용에 관한 법률」에 따른 지정문화유산, ㄴ. 철도나 궤도의 선로 부지에 있는 플랫폼, ㄷ. 고속도로 통행료 징수시설, ㅁ. 「자연유산의 보존 및 활용에 관한 법률」에 따라 지정된 천연기념물은 건축법을 적용하지 아니한다. ㄹ. 주거용 건축물의 대지에 설치한 컨테이너를 이용한 간이창고는 건축법을 적용하는 건축물에 해당한다.

39. ⑤ 난이도 中
⑤ 농지전용신고를 하고 농지를 전용하는 경우에는 농지를 전·답·과수원 외의 지목으로 변경할 수 있다.

40. ② 난이도 下
① 시·도지사는 농지의 효율적인 이용·보전을 위하여 농업진흥지역을 지정한다.
③ 태양에너지 발전설비로서 부지면적이 1만 제곱미터 미만인 시설은 농업진흥구역 내에 설치할 수 없다.
④ 농업진흥구역의 용수원 확보, 수질보전 등 농업환경을 보호하기 위하여 필요한 지역을 농업보호구역으로 지정할 수 있다.
⑤ 농업보호구역에서는 「농어촌정비법」에 따른 주말농원사업으로 그 부지가 4천 제곱미터인 시설을 설치할 수 없다.

수고하셨습니다.
당신의 합격을 응원합니다.

www.pmg.co.kr

박문각 공인중개사

2025년도 제36회 시험대비 THE LAST 모의고사
김희상 부동산공법

회차	문제수	시험과목
3회	40	부동산공법

수험번호		성명	

【정답 및 해설】

박문각은 여러분의 제36회 공인중개사 시험 합격을 진심으로 응원합니다!

부동산공법 중 부동산 중개에 관련되는 규정

1. ⑤	2. ③	3. ④	4. ①	5. ②	6. ⑤	7. ④	8. ④
9. ③	10. ①	11. ⑤	12. ③	13. ②	14. ④	15. ②	16. ②
17. ⑤	18. ①	19. ④	20. ①	21. ③	22. ②	23. ④	24. ⑤
25. ⑤	26. ②	27. ③	28. ①	29. ③	30. ③	31. ⑤	32. ②
33. ①	34. ④	35. ③	36. ②	37. ①	38. ⑤	39. ①	40. ④

〈문제분석 및 학습방향〉

■ 체감난이도 : 중상

■ 문항분석

난이도 하 9문항	하나도 틀리지 말 것 6, 7, 16, 22, 23, 32, 35, 36, 38
난이도 중 21문항	최소 반타작 1, 3, 5, 8, 9, 10, 11, 14, 15, 17, 18, 21, 24, 25, 26, 28, 30, 31, 34, 37, 40
난이도 상 10문항	맨 나중에 풀 것 2, 4, 12, 13, 19, 20, 27, 29, 33, 39

Tip 시험장에서 적용해야 하는 문제풀이 skill
① 난이도 중과 하를 공략할 것
② 틀린 것은? 크게 엑스 표시할 것
③ 푼 문제는 답을 번호 옆에 꼭 적을 것
④ 풀면서 아는 지문은 ○ 또는 × 표기
⑤ 숫자가 정답인 문제는 모두 맞출 것

---

1. ⑤   난이도 中

⑤ 특별시장·광역시장·특별자치시장·특별자치도지사는 수립한 도시·군기본계획에 대하여 국토교통부장관의 승인을 받지 않고 확정한다.

2. ③   난이도 上

① 개발제한구역 안에 기반시설을 설치하는 경우에는 그 계획의 입안을 위한 토지적성평가를 생략할 수 있다.
② 주민이 기반시설의 개량에 대하여 입안을 제안하려면 국공유지를 제외한 토지면적의 5분의 4 이상의 토지소유자의 동의를 받아야 한다.
④ 주민은 도시자연공원구역의 지정 및 변경에 대하여는 입안권자에게 도시·군관리계획의 입안을 제안할 수 없다.
⑤ 둘 이상의 시·도에 걸쳐 이루어지는 사업의 계획 중 도시·군관리계획으로 결정하여야 할 사항이 있는 경우 국토교통부장관이 입안한 도시·군관리계획은 국토교통부장관이 결정한다.

3. ④   난이도 中

ㄱ. 농림지역에 있는 「산업입지 및 개발에 관한 법률」에 따른 농공단지 : 70% 이하
ㄴ. 공업지역에 있는 일반산업단지 : 80% 이하
ㄷ. 자연녹지지역에 지정된 개발진흥지구 : 30% 이하
ㄹ. 자연환경보전지역에 지정된 개발진흥지구 : 40% 이하
ㅁ. 「자연공원법」에 따른 자연공원 : 60% 이하
따라서 건폐율의 최대한도가 큰 용도지역부터 나열하면 ㄴ-ㄱ-ㅁ-ㄹ-ㄷ이다.

4. ①   난이도 上

① 중층주택을 중심으로 편리한 주거환경을 조성하기 위하여 필요한 지역인 제2종 일반주거지역에는 단독주택, 공동주택, 제1종 근린생활시설, 종교시설, 교육연구시설 중 유치원·초등학교·중학교·고등학교, 노유자시설을 건축할 수 있고, 제2종 근린생활시설인 사진관은 건축할 수 없다.

5. ②   난이도 中

① 도시혁신구역은 국토교통부장관 또는 시·도지사가 공간재구조화계획 결정으로 지정하기 때문에 대도시 시장은 도시혁신구역을 지정할 수 없다.
③ 시장·군수·구청장은 도시혁신구역에서 건축하는 건축물을 특별건축구역에서 적용배제 사항을 적용하여 건축할 수 있는 건축물에 포함시킬 수 있다.
④ 도시혁신구역에 대하여는 「도시공원 및 녹지 등에 관한 법률」에 따른 도시공원 또는 녹지 확보기준에 관한 규정을 도시혁신계획으로 따로 정할 수 있다.
⑤ 도시혁신구역으로 지정된 지역은 「건축법」에 따른 특별건축구역으로 지정된 것으로 본다.

6. ⑤   난이도 下

① 저수지는 방재시설에 해당한다.
② 하수도는 환경기초시설에 해당한다.
③ 방송·통신시설은 유통·공급시설에 해당한다.
④ 유원지는 공간시설에 해당한다.

7. ④   난이도 下

④ 공동구관리자는 공동구관리에 소요되는 비용을 연 2회로 분할하여 납부하게 하여야 한다.

8. ④   난이도 中

① 특별시장이 단계별 집행계획을 수립하고자 하는 때에는 미리 관계 행정기관의 장과 협의하여야 하며, 해당 지방의회의 의견을 들어야 한다.
② 시장 또는 군수는 도시·군계획시설결정에 대하여 결정권이 없기 때문에 실효에 대하여 고시할 권한도 없다.
③ 도시·군계획시설결정의 고시일부터 20년이 지날 때까지 그 시설의 설치에 관한 도시·군계획시설사업이 시행되지 아니하는 경우, 그 도시·군계획시설결정은 그 고시일부터 20년이 되는 날의 다음 날에 효력을 잃는다.
⑤ 「지방공기업법」에 의한 지방공사 및 지방공단은 이행보증금의 예치 대상이 아니다.

9. ③   난이도 中

① 개발행위허가를 받은 자가 행정청인 경우 개발행위허가를 받은 자가 새로 설치한 공공시설은 관리청에 무상으로 귀속된다.
② 개발행위허가를 받은 자가 행정청이 아닌 경우 개발행위허가를 받은 자가 새로 설치한 공공시설은 그 시설을 관리할 관리청에 무상으로 귀속된다.
④ 군수는 공공시설인 하천의 귀속에 관한 사항이 포함된 개발행위허가를 하려면 미리 관리청의 의견을 들어야 한다.

⑤ 개발행위허가를 받은 자가 행정청인 경우 개발행위허가를 받은 자가 준공검사를 마쳤다면 해당 시설의 관리청에 공공시설의 종류를 통지하여야 한다.

10. ①   난이도 中

① 기반시설설치가 필요하다고 인정되는 지역으로서 당해 지역의 도로율이 국토교통부령이 정하는 용도지역별 도로율에 20% 이상 미달하는 지역은 개발밀도관리구역으로 지정할 수 있다.

11. ⑤   난이도 中

⑤ 너비 5미터 이하로 분할된 토지의 「건축법」에 따른 분할제한면적 이상으로 토지를 분할하는 경우에는 개발행위허가를 받지 않고 할 수 있다.

12. ③   난이도 上

ㄱ. 카지노영업소는 위락시설에 해당하므로 기반시설유발계수가 2.1이다.
ㄴ. 유스호스텔은 수련시설에 해당하므로 기반시설유발계수가 0.7이다.
ㄷ. 안마원은 제1종 근린생활시설에 해당하므로 기반시설유발계수가 1.3이다.
ㄹ. 치과병원은 의료시설에 해당하므로 기반시설유발계수가 0.9이다.
ㅁ. 총포판매소는 제2종 근린생활시설에 해당하므로 기반시설유발계수가 1.6이다.
ㅂ. 공항시설은 운수시설에 해당하므로 기반시설유발계수가 1.4이다.
따라서 기반시설유발계수가 높은 것부터 나열하면 ㄱ – ㅁ – ㅂ – ㄷ – ㄹ – ㄴ이 된다.

13. ②   난이도 上

② 지정권자가 도시개발사업을 환지방식으로 시행하려고 개발계획을 수립하는 경우 시행자가 지방공사이면 토지소유자의 동의를 받아야 한다. 시행자가 국가나 지방자치단체인 경우에는 토지소유자의 동의를 받을 필요가 없다.

14. ④   난이도 中

① 「한국관광공사법」에 따른 한국관광공사는 도시개발사업의 시행자가 될 수 있다.
② 「국가철도공단법」에 따른 국가철도공단은 「역세권의 개발 및 이용에 관한 법률」에 따른 역세권개발사업을 시행하는 경우에만 도시개발사업의 시행자가 된다.
③ 도시개발구역 지정의 제안을 받은 특별자치도지사 · 시장 · 군수 · 구청장은 제안 내용의 수용 여부를 1개월 이내에 제안자에게 통보하여야 한다.
⑤ 지정권자는 시행자가 도시개발사업에 관한 실시계획의 인가를 받은 후 2년 이내에 사업을 착수하지 아니하는 경우 시행자를 변경할 수 있다.

15. ②   난이도 中

① 조합설립의 인가를 신청하려면 국공유지를 포함한 토지면적의 3분의 2 이상에 해당하는 토지소유자와 토지소유자 총수의 2분의 1 이상의 동의를 받아야 한다.
③ 조합의 임원으로 선임된 자가 금고 이상의 형을 선고받은 경우에는 그 사유가 발생한 날의 다음 날부터 임원의 자격을 상실한다.
④ 의결권이 없는 조합원은 조합의 임원이 될 수 없다.
⑤ 조합장의 자기를 위한 조합과의 계약이나 소송에 관하여는 감사가 조합을 대표한다.

16. ②   난이도 下

① 실시계획은 개발계획에 맞게 작성되어야 하고, 실시계획에는 지구단위계획이 포함되어야 한다.
③ 시 · 도지사가 실시계획을 작성하거나 인가하는 경우 시장 · 군수 · 구청장의 의견을 미리 들어야 한다.
④ 지정권자가 실시계획을 인가할 때 관계 행정기관의 장과 협의를 하는 경우 협의요청을 받은 관계 행정기관의 장은 20일 이내에 의견을 제출하여야 한다.
⑤ 실시계획 인가에 의해 「도로법」에 따른 도로공사 시행의 허가는 의제될 수 있다.

17. ⑤   난이도 中

① 지방자치단체에게 공급될 수 있는 원형지의 면적은 도시개발구역 전체 토지면적의 3분의 1 이내로 한다.
② 원형지개발자인 「지방공기업법」에 따라 설립된 지방공사는 10년의 범위에서 대통령령으로 정하는 기간 안에는 원형지를 매각할 수 없다.
③ 수의계약의 방법으로 조성토지를 공급하기로 하였으나 공급신청량이 공급계획에서 계획된 면적을 초과하는 경우에는 추첨의 방법에 의한다.
④ 시행자가 조성토지등을 공급하는 경우 행정청이 「국토의 계획 및 이용에 관한 법률」에 따라 직접 설치하는 종합의료시설은 「감정평가 및 감정평가사에 관한 법률」에 따른 감정평가법인등이 감정평가한 가격 이하로 정할 수 있다.

18. ①   난이도 中

① 지정권자가 시행자인 경우에는 준공검사를 받지 않기 때문에 법 51조에 따른 공사완료 공고가 있은 때에는 60일 이내에 환지처분을 하여야 한다.

19. ④   난이도 上

④ 시장 · 군수 등은 시장 · 군수 등이 아닌 사업시행자가 시행하는 정비사업의 정비계획에 따라 설치되는 임시거주시설에 대해서는 그 건설비용의 전부 또는 일부를 부담할 수 있다.

20. ①   난이도 上

① 조합 임원의 수를 변경하려는 때에는 시장 · 군수 등에게 신고하여야 한다.

21. ③
③ 대도시 시장이 아닌 시장이 구체적으로 면적이 명시된 정비예정구역의 면적을 25% 변경하는 경우에는 도지사의 승인을 받아야 하고, 20% 미만의 범위에서 변경하는 경우에는 도지사의 승인을 받지 아니할 수 있다.

22. ②
비상대피시설, 가스공급시설, 광장, 공공공지는 정비기반시설에 해당하고, 공동으로 사용하는 세탁장은 공동이용시설에 해당한다.

23. ④
④ 사업시행자가 사업시행계획인가를 받은 후 정비구역 또는 정비계획의 변경에 따라 사업시행계획서를 변경하려는 때에는 시장·군수등에게 신고하여야 한다.

24. ⑤
① 재개발사업의 시행자는 사업시행계획에 따라 놀이터, 마을회관, 공동작업장, 탁아소 등 공동이용시설을 설치하여야 한다.
② 사업시행자의 변동에 따른 권리의무의 변동이 있는 경우로서 분양설계의 변경을 수반하는 관리처분계획의 변경인 경우에는 시장·군수등의 인가를 받아야 한다.
③ 재건축사업의 관리처분의 기준은 조합원 전원의 동의를 받으면 법령상 정하여진 관리처분의 기준과 달리 정할 수 있다.
④ 주거환경개선사업의 관리처분은 정비구역 안의 지상권자에 대한 분양을 제외한다.

25. ⑤
① 층수가 3층인 「건축법 시행령」에 따른 기숙사는 「주택법」상 공동주택에 해당하지 않는다.
② 「혁신도시 조성 및 발전에 관한 특별법」에 따른 혁신도시개발사업에 의하여 개발·조성되는 공동주택이 건설되는 용지는 공공택지에 해당한다.
③ 지방공사가 수도권에 건설한 주거전용면적이 1세대당 85제곱미터 이하인 아파트는 국민주택에 해당한다.
④ 폭 20미터 이상의 일반도로로 분리된 토지는 각각 별개의 주택단지이다.

26. ②
① 400세대인 국민주택규모의 아파트형 주택은 도시형 생활주택에 해당하지 않는다.
③ 도시형 생활주택은 분양가상한제가 적용되지 않는다.
④ 하나의 건축물에는 단지형 연립주택 또는 단지형 다세대주택과 아파트형 주택을 함께 건축할 수 없다.
⑤ 「국토의 계획 및 이용에 관한 법률 시행령」에 따른 준주거지역에서는 아파트형 주택과 도시형 생활주택 외의 주택을 하나의 건축물에 건축할 수 있다.

27. ③
① 국토교통부장관은 주택조합의 원활한 사업추진 및 조합원의 권리보호를 위하여 표준조합규약 및 표준공사계약서를 작성·보급할 수 있다.
② 자금의 차입과 그 방법·이자율 및 상환방법에 관한 사항을 의결하는 총회의 경우에는 조합원 100분의 20 이상이 직접 출석하여야 한다.
④ 지역주택조합의 경우 조합설립인가 후에 충원되는 자가 자격요건을 갖추었는지를 판단할 때에는 해당 조합설립인가신청일을 기준으로 한다.
⑤ 법원의 판결 또는 다른 법률에 따라 자격이 상실 또는 정지된 사람은 조합의 임원이 될 수 없다.

28. ①
① 주택분양보증을 받지 않은 사업주체가 부도·파산 등으로 공사의 완료가 불가능한 경우 사업계획승인권자는 사업계획승인을 취소할 수 있다.

29. ③
③ 분양가상한제 적용지역 지정대상은 투기과열지구 중 다음의 어느 하나에 해당하는 지역을 말한다.

> 1. 분양가상한제 적용지역으로 지정하는 날이 속하는 달의 바로 전달(이하 '분양가상한제적용직전월')부터 소급하여 12개월간의 아파트 분양가격상승률이 물가상승률의 '2'배를 초과한 지역
> 2. 분양가상한제적용직전월부터 소급하여 3개월간의 주택매매거래량이 전년 동기 대비 '20'% 이상 증가한 지역
> 3. 분양가상한제적용직전월부터 소급하여 주택공급이 있었던 2개월 동안 해당 지역에서 공급되는 주택의 월평균 청약경쟁률이 모두 5대 1을 초과하였거나 해당 지역에서 공급되는 국민주택규모 주택의 월평균 청약경쟁률이 모두 '10'대 1을 초과한 지역

30. ③
③ 국토교통부장관은 반기마다 주거정책심의위원회의 회의를 소집하여 투기과열지구로 지정된 지역별로 해당 지역의 주택가격 안정 여건의 변화 등을 고려하여 투기과열지구 지정의 유지 여부를 재검토하여야 한다.

31. ⑤
① 공동주택의 관리주체가 리모델링하려고 하는 경우에는 공사기간, 공사방법 등이 적혀 있는 동의서에 입주자 전원의 동의를 받아야 한다.
② 기존 16층 건축물에 수직증축형 리모델링이 허용되는 경우 최대 3개 층까지 증축할 수 있다.
③ 광역시장이 관할 구역에 대하여 리모델링 기본계획을 수립하거나 변경하는 경우에는 국토교통부장관의 승인을 받지 않아도 된다.
④ 시장·군수·구청장은 리모델링의 원활한 추진을 지원하기 위하여 리모델링 지원센터를 설치하여 운영할 수 있다.

32. ②	난이도 下

업무시설은 다중이용 건축물에 해당하지 않는다. 다중이용 건축물은 다음의 어느 하나에 해당하는 용도로 쓰는 건축물을 말한다.

1. 문화 및 집회시설(동물원 및 식물원은 제외)
2. 종교시설(③)
3. 판매시설(①)
4. 운수시설 중 여객용 시설
5. 의료시설 중 종합병원(⑤)
6. 숙박시설 중 관광숙박시설(④)

33. ①	난이도 上

ㄱ. 발전시설을 창고시설로의 용도변경은 허가대상이다.
ㄴ. 수련시설을 종교시설로의 용도변경은 허가대상이다.
ㄷ. 운동시설을 운수시설로의 용도변경은 허가대상이다.
ㄹ. 다중생활시설을 제1종 근린생활시설로의 용도변경은 신고대상이다.
ㅁ. 야영장시설을 업무시설로의 용도변경은 신고대상이다.
ㅂ. 판매시설을 숙박시설로의 용도변경은 건축물대장 기재내용의 변경을 신청하여야 한다.

34. ④	난이도 中

④ 도지사의 사전승인대상은 주거환경이나 교육환경 등 주변환경을 위하여 필요하다고 인정하여 도지사가 지정·공고한 구역에 건축하는 위락시설 및 숙박시설에 해당하는 건축물이다. 따라서 교육환경을 보호하기 위하여 도지사가 지정·공고한 구역에 층수가 3층인 일반음식점의 건축은 도지사의 사전승인대상이 아니다.

35. ③	난이도 下

③ 공개공지등의 면적은 대지면적의 100분의 10 이하의 범위에서 건축조례로 정한다.

36. ②	난이도 下

② 공동주택의 일조 등의 확보를 위한 높이제한이 적용되는 지역은 중심상업지역과 일반상업지역을 제외한 모든 지역이다.

37. ①	난이도 中

특별건축구역에 건축하는 건축물에 대하여는 대지 안의 조경(ㄱ), 건축물의 건폐율(ㄴ), 건축물의 용적률(ㄷ), 대지 안의 공지(ㄹ), 건축물의 높이제한, 일조 등의 확보를 위한 건축물의 높이제한 규정을 적용하지 아니할 수 있다.

38. ⑤	난이도 下

① 허가권자는 동일인이 최근 3년 내에 2회 이상 위반한 경우에는 부과금액의 100분의 100의 범위에서 가중하여야 한다.
② 연면적 60제곱미터 이하의 주거용 건축물의 경우에는 부과금액의 2분의 1의 범위에서 조례로 정하는 금액을 부과한다.
③ 건폐율을 초과하여 건축된 경우에는 그 건축물에 적용되는 1제곱미터의 시가표준액의 100분의 50에 해당하는 금액에 위반면적을 곱한 금액 이하의 범위에서 100분의 80을 곱한 금액의 이행강제금을 부과한다.
④ 허가권자는 최초의 시정명령이 있었던 날을 기준으로 하여 1년에 2회 이내의 범위에서 그 시정명령이 이행될 때까지 반복하여 이행강제금을 부과·징수할 수 있다.

39. ①	난이도 上

① 주말·체험영농을 하려고 취득한 농지가 「자연공원법」에 따른 공원자연보존지구로 지정된 경우에는 농지의 처분의무가 면제된다.

40. ④	난이도 中

④ 농업법인의 합병으로 농지를 취득하는 경우에는 농지취득자격증명을 발급받지 아니하고 농지를 취득할 수 있다.

수고하셨습니다.
당신의 합격을 응원합니다.

www.pmg.co.kr

박문각 공인중개사